우바새계경 겉핥기

⟨좋은 부자되기⟩

일러두기

『우바새계경』은 재가불자들을 위한 부처님 가르침을 집대성한 경전으로 이란 출신의 동인도 상장 담무참 스님이 번역했다. 법안 스님은 2013년 『우바새계경』에 역주를 달아 단행본으로 출간한데 이어, 2016년 법보신문에 23회 기고한 『우바새계경』 강설을 정리하여 〈우바새계경 겉핥기〉로 엮었다.

편집자 주

우바새계경 겉핥기

좋은 부자되기

석법안 지음

도서출판 안심

책머리에

좋은 부자, 좋은 불자가 되는 방법은 무엇일까? 좋은 부자란 불교적 개념으로 재가보살在家菩薩이라고 석가세존께서 정의하십니다. 재가보살이란 무엇일까?『우바새계경優婆塞戒經』에서는 거사오구족居士五具足이란 말씀이 있습니다. 재가보살은 다섯 가지를 갖추어야 한다고 말씀하셨습니다. 신심과 지계, 보시능력과 학식, 그리고 지혜라고 말씀하셨습니다. 불자로서 좋은 부자 되는 방법은 무엇일까요? 막연히 긍정적인 마음이든, 부정적인 마음이든 비우고 놓으면 될까요? 그 해답이 적힌 경전이 있습니다. 바로『우바새계경』입니다.

『우바새계경』은 초기불교시대와 대승불교시대를 아우르는 소중한 불경으로 현재 중문판과 영문판으로 많이 보급되고 있습니다. 이 경전은 선생善生, 인도명으로 '수자타'라고 하는 재가불자가 석가세존과의 질의문답식으로 구성되어 있습니다. 최근 여러 종류의 영문판『우바새계경』이 나온 것을 보며 무척 반갑기도 하고 부러웠습니다. 영문판으로 쉽게 접근할 수 있기 때문입니다.

『우바새계경』은 인도의 달마체마, 중국명은 담무참 스님이 서기 4세기 중엽에 번역하신 경전입니다. 『고려대장경』에도 수록되어 우리나라에도 전해 내려왔습니다. 그러나 현재 한국불교가 출가자 중심이고, 공급자 중심의 불교가 되다보니 각종 불교교양대학이나 사찰의 신도교육체계에서 재가불자들에게 〈초발심자경문初發心自警文〉을 강의하는 촌극을 펼치고 있는 것도 사실입니다.

이에 재가불자들을 위한, 재가불자들에게 적합한 경전을 찾던 중, 이『우바새계경』이 있음을 알고 너무나 기뻤습니다. 그래서 법보신문에 23회에 걸쳐 1년간 기고했던 것을 단행본으로 간행하게 되었습니다.

『우바새계경』은 재가불자들이 가정생활과 사회생활을 하면서 겪는 문제에 대하여 불자로서 어떻게 신앙생활, 즉 발보리심發菩提心으로 승화할 수 있을까하는 해답입니다. 좋은 부자 즉 재가보살로서 사회생활에서 불교를 어떻게 실천하고 사회에 좋은 영향력을 발휘하여 불국토를 만들고자 하는, 나와 모두가 좋은 삶을 살 수 있는가하는 원초적이면서도 차원 높은 말씀입니다.

[겉핥기]로 한 이유는 워낙 세세하고 방대한 경전인데, 28품의 개요만을 해설할 수 있었기 때문입니다. 차후 『우바새계경』의 종합해설판을 준비하고 있긴 합니다만 짧은 시간 내에 할 수 있었으면 좋겠다는 원력을 세워봅니다.

그러나 "뜻있는 곳에 길이 있다."라는 것을 한 갑자를 살고 나서야 조금이라도 눈치 챌 수 있었기 때문에 원력을 세워봅니다.

『우바새계경』이란 불경이 있다는 것을 알리는 것만으로도 현재는 대만족을 하면서 많은 불자들과 이 시대를 어떻게 살 것인가 고민하는 분들이 이 『우바새계경』과 〈우바새계경 겉핥기〉와 인연 맺어서 천상낙과 극락을 누리시기를 축원합니다.

불기 2561년 정유 10월 29일 안심정사 본찰 낙성식을 기념하면서
智觀堂에서 법안 삼가씀

차례

제1강 │ 집회품-상	12
제2강 │ 집회품-하	22
제3강 │ 발보리심품	33
제4강 │ 비품	45
제5강 │ 해탈품(解脫品)-상	57
제6강 │ 해탈품(解脫品)-하	70
제7강 │ 삼종보리품-상	82
제8강 │ 삼종보리품-하	91
제9강 │ 수삼십이상업품	103
제10강 │ 발원품	119
제11강 │ 명의보살품 · 의보살심견고품	133
제12강 │ 자리이타품 · 자타장엄품	146

차례

제13강	섭취품	158
제14강	수계품	169
제15강	정계품	180
제16강	식악품(息惡品)	190
제17강	공양삼보품(供養三寶品)	201
제18강	정삼귀품(淨三歸品)	212
제19강	육바라밀품	223
제20강	팔계재품 · 오계품(五戒品)	233
제21강	업품(業品)-상	244
제22강	업품(業品)-하	255
제23강	선정품 · 반야바라밀품	265

제1강 | 집회품-상

바른 불자로 살기 위한
첫 번째 실천 지침은 '보시바라밀'

반갑습니다. 올 한해 법보신문 지면에서 『우바새계경』 강설을 연재하게 된 법안입니다.

부처님의 팔만사천법문을 담은 수많은 경전 가운데 재가불자들이 소의경전으로 삼을 만한 경전은 어떤 것이 있을까요? 대다수 불교교양대학과 사찰들이 재가불자 교육을 위한 기초교재로 〈초발심 자경문〉을 활용하고 있습니다. 그러나 원칙적으로 이 경전은 출가자를 위한 가르침이지, 세간에서 살아가는 재가불자들을 위한 경전은 아닙니다. 물론 그 내용은 재가불자들이 읽어도 훌륭하지요. 허나 출가자와 재가자의 정체성은 분명 다르며 그 발심 또한 같지 않습니다. 승속의 구분이 모호한 가운데 그 가르침조차 삶과 괴리되어 있을 때 불자들은 혼란을 느낍니다. 세속적인 여건에 의해 삶이 혼란스럽고 고통스러운 재가자에게는 본디 그 자리, 즉 세간에서 깨달음을 줄 부처님의 가르침이 필요합니다.

　그래서 『우바새계경』이 소중합니다. 한국불교에서 잘 알려져 있지 않지만 『우바새계경』은 재가불자를 위한 부처님 가르침을 집대성한 경전입니다. 재가불자들이 지금 현재 자리한 삶 속에서 불자로 살아갈 수 있는 지혜를 담고 있다는 점에서 대단히 중요합니다. 『우바새계경』을 관통하는 하나의 주제는 바로 '위불교 위중생(불교를 위하고 중생을 위한다)'입니다. 보편화된 경전이 아니라 시중에서 만나기는 어렵습니다. 2013년 안심정사에서 법보시용으로 단행본을 출간한 것이 아마도 유일할 듯합니다.

　『우바새계경』은 철저하게 재가불자를 위한 경전입니다. 부처님의 가르침을 믿고 배우고 실천하는 우바새·우바이가, 그 가르침에 따라 지켜야 할 실천적 계율이 담겨 있기 때문이지요. 다르게 말하면 재가불자들이 삶 속에서 지켜야 할 행동 지침입니다. 이 계율은 억압이나 규제, 통제가 아닙니다. 부처님 제자로 보다 행복하고 지혜롭게 세상을 살아가기 위한 삶의 표준이자 기준점으로 이해하면 무방합니다. 재가불자를 위한 부처님 가르침의 집대성이자, 언제 어디서든 재가불자로서 살아갈 수 있는 지혜와 실천지침이 가득한 경전이기에 이 한 권만을 소의경전으로 삼아 숙지하고 실천해도 좋습니다.

『우바새계경』은 모두 28품으로 구성돼 있습니다. 결코 쉬운 경전은 아닙니다. 제1품인 〈집회품〉은 육바라밀부터 시작합니다. 여러분이 익숙한 삼귀의는 제20품에 가서야 나옵니다. 이 구성에는 엮은이인 담무참 스님의 안목과 식견이 담겨있습니다. 다음은 『우바새계경』〈집회품〉 첫 문장입니다.

> 이와 같이 나는 들었다. 한때 부처님께서 기수급고독원에서 대비구승 일천이백오십명과 오백명의 비구니와 일천명의 우바새와 오백명의 걸식하는 아이들과 함께 머물고 계셨다. 그때 장자의 아들 '선생'이라는 사람이 부처님께 말씀드렸다.

시작부터 사부중의 하나로 우바새가 정확히 명시돼 있지요? 질문의 주체 역시 장자의 아들, 즉 우바새입니다. '기수급고독원祇樹給孤獨園'은 기원정사입니다. 중인도 코살라국의 수도 사위성舍衛城, 슈라바스티의 제타 동산에 위치하고 있습니다. 수달타 장자가 부처님께 공양올린 절로, 부처님이 45년 교화기간 중 가장 오랜 기간 머물며 설법하신 유적지이기도 하죠. 이를 통해 수다타는 '급고독장자', 즉 고독한 이들에게 보시를 많이 한 부자라는 이름을 갖게 됩니다. 석가모니 부처님이 성도를 하시고서 제일 먼저 포교대상으로 삼았던 게 사회 지도층이었다는 것은 모두 알고 계시지요? 기원정사가 바로 그 시대 권력과 재력을 가진 사람들을 교화한 대표적인 장소예요.

당시 수다타 장자는 인도에서 손꼽는 대부호로, 극심하게 인생의 회의를 느끼고 있었습니다. 풍족함의 정점에서 허무함과 맞닥뜨렸다고나 할까요? 누군가가 "새벽에 공동묘지를 가보라"는 조언을 합니다. 그곳에서 만난 분이 바로 석가모니 부처님입니다. 수다타 장자는 부처님을 뵙고 깊이 감화되어 "사위성으로 돌아가면 절을 지어 모시겠다"고 약속을 하게 되지요.

부처님을 모실 장소를 찾다보니 당시 사위성의 기타태자祇陀太子, 제타태자 소유의 땅이 가장 적합합니다. 당시에도 권력가와 재력가 사이의 자존심 대결이 있었으니 팔라고 한들 흔쾌히 팔리가 있겠습니까? 장자가 "돈은 얼마든지 주겠다"고 하자, 태자는 "금화를 깔아 덮인 만큼 팔겠다"고 응수하죠. 가진 금화를 넓은 땅에 하나하나 깔아보니 그야말로 어림도 없는 거예요. 전 재산을 전부 팔아도 사방 100미터도 채워지지 않았습니다. 당시 인도 최고의 재벌이었던 장자는 그렇게 하루 아침에 거지로 전락하고 맙니다. 돈이 없어 3일 내내 굶었을지라도, 장자는 부처님 법을 모시기 위한 드높은 원력만은 잃지 않았습니다. 이번엔 거리에 깡통을 들고 앉아 구걸에 나섭니다. 이 소식을 들은 태자가 친히 장자를 찾아가 조롱의 뜻으로 금화 한 닢을 깡통에 던져 넣었습니다. 그리고 가만히 지켜보니 금화를 받은 장자가 태자의 숲으로 달려가 땅 위에 금화 한 닢을 올려두고 기뻐하는 것이 아닙니까? 배고픔이나 재산을 잃은 고통은 전혀 찾아볼 수 없는 행복한 모습이었겠지요.

그 원력에 드디어 태자도 감복합니다. 공짜로 땅을 제공하기로 하죠. 그렇게 시작된 대불사의 결과물이 바로 기타태자의 숲에 급고독장자가 지은 정사, 기수급고독원(기원정사)입니다. 재계와 정계의 화합이니, 이를 계기로 수많은 사회지도자들이 불사에 동참합니다. 부처님은 기원정사에서 재가불자들을 위해 『우바새계경』을 설하셨습니다. 만물이 유한하고 때가 되면 사라지지만 법과 진리는 영원하니, 기원정사 또한 지금은 비록 황량한 터만 남았을지라도 그곳에서 설해진 가르침으로서 우리들 마음 속에 존재하고 있습니다. 이곳 기원정사에서 장자의 아들이 부처님께 다시 묻습니다.

세존이시여, 육사외도들이 중생을 가르치며 법을 설하여 말하기를 "이른 새벽에 여섯 방향에 예경六方禮하면 수명과 재물을 늘릴 수 있습니다. 그 이유는 제석에게 속한 동방의 땅을 공양하면 석제환인이 보호하고 도우며, 염라왕에게 속한 남방의 땅에 공양하면 염라왕이 보호하고 도우며…풍천이 속한 상방의 땅에 공양하는 자는 풍천이 또한 보호하고 돕기 때문입니다"라고 합니다. 세존이시여, 부처님의 가르침에도 이와 같이 육방이라는 것이 있습니까?

부처님 재세 당시 갠지스강 중류에서 세력을 떨친 여섯 명의 사문을 육사외도라고 합니다. 이들은 불교가 아닌 가르침을 통해 여섯 방위에 공양 올리는 공덕을 알렸는데, 우리나라로 치면 동서남북 천지신명께 소원을 비는 취지로 이해하시면 됩니다. 부처님은 이 육방에 대한 질문의 답으로 '육바라밀六波羅蜜'을 설합니다.

선남자여, 나의 가르침에도 육방이 있으니 이른바 육바라밀이 그것입니다. 동쪽은 단바라밀입니다. 가장 먼저 지혜의 빛을 내는 인연이 되게 하기 때문입니다. 동쪽은 중생의 마음에 속하는데, 중생이 단바라밀에 공양하면 수명과 재산을 늘릴 수 있습니다.…

『육방예경』에도 자세하게 나오는 대목입니다. 단바라밀은 '보시'의 산스크리트어가 '다나'이니 즉 보시바라밀입니다. 보시는 널리 베푼다는 의미입니다. 부처님은 언제든지 가장 중요한 것을 앞에다 내세우셨으니, 육바라밀도 보시, 지계, 인욕, 정진, 선정, 반야 순입니다.

한국 불교의 안타까운 풍토 가운데 하나가 반야, 지혜를 우선하고 중히 여기는 인식입니다. 지혜는 실천행이 선행되지 않으면 얻을 수 없습니다. 『현우경』의 일화에 비추어 설명하겠습니다. 한 어리석지만 부유한 사람이 있었습니다. 어느 날 이웃의 3층 집을 보고 더 멋진 집을 짓기 위해 대목장을 고용합니다. 그런데 이 대목장이 지으라는 집은 안 짓고 땅을 파기 시작하는 게 아닙니까. "왜 땅을 파고 있냐"고 묻자 기초를 다져야 한답니다. 안달이 난 부자가 말합니다. 나는 기초도 필요 없고 1, 2층도 필요 없으니 3층만 멋지게 지어달라고요. 여러분, 어떻습니까. 가능할까요? 집은 지어지기 전에는 형상이 없기에 기초를 다지는 이유는 믿음에 있다고 볼 수 있습니다.

육바라밀에서는 보시바라밀이 바로 믿음의 근거인 셈이지요. 때문에 부처님께서도 "가장 먼저 지혜의 빛을 내는 인연이 되게 한다"고 하셨습니다. 바라밀 실천에 있어 보시를 제외한다면 기초가 없는 것과 다르지 않습니다. 그렇다면 이번엔 바라밀 실천의 주체를 살펴봅시다.

"이러한 육방을 누가 공양할 수 있습니까?" "선남자여, 오직 보살만이 공양할 수 있습니다." "세존이시여, 어떤 의미에서 보살이라고 합니까?" 부처님께서 말씀하셨다. "보리를 얻을 수 있기 때문에 보살이라고 하며 보리의 성품을 가졌기 때문에 보살이라고 합니다."

『금강경』의 '여래如來 위발대승자설爲發大乘者說 위발최상승자설爲發最上乘者說'과 상통하는 구절입니다. 부처님은 가장 앞선 가르침을 구하려는 대승자와 가장 뛰어난 가르침을 구하려는 최상승자를 위해서 이 법을 설한다는 것이지요. 부처님이 설하신 바에 따르면 육바라밀을 공부하고 실천하는 자가 곧 대승자, 최상승자이며 보살입니다. 대승자와 최상승자 역시 보시바라밀에서 출발합니다.

기원정사는 '위발대승자설 위발최상승자설'을 단적으로 보여주는 예입니다. 대승자과 최상승자는 바로 육바라밀을 실천하는 불자이니, 육바라밀 수행이 없다면 그 어떤 것도 최상승이라고 할 수 없습니다. 육바라밀을 실천하는 것이야말로 보살의 세계로 들어갈 수 있는 가장 빠른 직행코스라고 감히 단언합니다. '선구세 종구심先求世 從救心' 먼저 세상을 구한 뒤 깨닫는다는 것, 이것이야말로 대승과 최상승의 법문입니다. '자미득도 선도타自未得度 先度他'라는 표현도 있지요. 내가 깨달음을 얻은 뒤 중생들을 구제하겠다는 것은 대승도 아니고 최상승도 아니예요. 이것을 분명히 인지해야 합니다. 그런 까닭에 『우바새계경』에 나타난 재가불자의 첫 번째 실천지침이 바로 육바라밀인 것은 눈

여겨볼 필요가 있습니다.

바라밀은 곧 지혜의 완성이니, 그 첫 번째인 보시바라밀은 보시를 통한 지혜의 완성입니다. 보시의 실천을 통해 먼저 세상을 구하고 깨달음을 구하는 것은 대승불교에 정확히 부합하는 가르침입니다. 보시바라밀은 세간에 속한 재가불자가 삶 속에서 행하는 실천이지만, 전세금 빼서 불사하라는 의미가 절대 아닙니다. 착각하시면 안 됩니다. 여러분이 재가불자로서 삶에 충실하여 보시바라밀을 실천할 수 있는 부자가 되라는 의미입니다. 부자가 되어 불사도 하고 어려운 이웃과 나누며 이 사회를 풍요롭게 만드는 것이야말로 진정한 보시바라밀을 실천하는 가장 좋은 방법이겠지요.

진정한 부자가 되는 법은 내 마음자리에 있습니다. 마음의 의식 수준이 열리는 순간, 지금 내가 있는 위치에서 부자가 되어 보시를 실천할 수 있습니다. 얼마를 가졌는지, 또 가질 것인지는 중요하지 않습니다. 우리가 물질에 대한 집착을 내려놓고 마음으로 모든 것을 회향하는 순간, 진정한 보시바라밀의 실천이자 삶 자체가 극락이 되는 거예요. 이것이 『우바새계경』의 첫 번째가 육바라밀, 그중에서도 보시바라밀에서 시작할 수 밖에 없는 이유이지요. 다음은 집회품의 마지막 구절입니다.

출가한 사람이 보리심을 내는 것은 어렵지 않으나 재가자가 보리심을 내는 것은 불가사의한 것입니다. 왜냐하면 재가자는 많은 나쁜 인연에 얽매여 있기 때문입니다. 재가자가 보리심을 발할 때는 사천왕으로부터 아가니타에 이르기까지의 모든 천신들이 모두 크게 놀라고 기뻐하며 이러한 말을 합니다. "우리가 이제 인간과 하늘의 스승을 얻었다."

제2강 | 집회품-하

끝없는 육바라밀 실천이
보살 성품 나투게 하는 마중물

 동쪽은 단바라밀(보시)입니다. 가장 먼저 지혜의 빛을 내는 인연이 되게 하기 때문입니다. 동쪽은 중생의 마음에 속하는데 중생이 단바라밀에 공양하면 수명과 재산을 늘릴 수 있습니다. 남쪽은 시바라밀(지계)로 우右라고도 하는데 거기에 공양하면 역시 수명과 재물을 늘릴 수 있습니다. 서쪽은 찬제바라밀(인욕)로 후後라고도 하는데 모든 나쁜 것을 뒤쪽에 버리기 때문입니다. 거기에 공양하면 수명과 재물을 늘릴 수 있습니다. 북쪽은 비리야바라밀(정진)입니다. 모든 악법을 이기기 때문에 거기에 공양하면 수명과 재물을 늘릴 수 있습니다. 하방은 선바라밀(선정)입니다. 삼악도를 바르게 관찰하기 때문에 거기에 공양을 하면 수명과 재물을 늘릴 수 있습니다. 상방은 반야바라밀

(지혜)입니다. 상방이라는 것은 곧 무상으로 그보다 더 위가 없기 때문에 거기에 공양을 하면 수명과 재물을 늘릴 수 있습니다.

여러분, 놀랍지 않습니까? 부처님은 세간의 중생들이 육바라밀을 실천해야 하는 목적을 이렇게 명확하고 명료하게 설하셨습니다. 수명과 재산은 바로 중생들의 삶에서 가장 기본이 되는 가치이자 누구나 바라마지 않는 발원입니다. 부처님은 이를 육바라밀 실천을 통해 이룰 수 있다는 명확한 가르침을 주셨습니다. 얼마나 반갑습니까. 이것이 바로 『우바새계경』의 핵심입니다.

한국 불자들에게는 사실 수명과 재물을 늘리기 위해 노력하는 것이 불자답지 못하다는 인식이 적지 않죠. 세간과 출세간의 구분이 모호하기 때문에 일어나는 현상입니다. 재가불자들이 마음을 비우고 다 내려놓고 '안빈낙도安貧樂道' '무소유無所有'하는 것이 바람직할까요? 전 아니라고 봅니다. 부처님은 본분사를 중시한 가르침을 펼치셨습니다. 그렇게 보면 안빈낙도는 출가자에 해당하는 것입니다. 무소유에 대해서도 흔히들 '아무것도 갖지 않는다'는 의미로 여기곤 하는데 그렇게 생각하시면 오류를 범하게 됩니다. 소유는 영원하지 않기에, 지금 내가 가진 것은 언젠가 내 손을 떠납니다. 내 것일 때 그것에 집착하기보다는 집착의 마음을 내려놓고 복을 짓고 공덕을 짓는 것이 바로 무소유죠. 가진 것에 끄달리는 마음을 내려놓는 순간 그것이 무소유입니다.

안심정사에서는 재수불공을 봉행하고 있습니다. 한국 불자들은 '재수불공'하면 아마 낯설게 느껴질 겁니다. '재수, 즉 요행을 바라는 불공'이라고 오해를 하는 분들도 간혹 있어요. 그러나 재수불공은 이 『우바새계경』에 근거한 기도로, 재물과 수명(건강)을 발원하는 것이죠. 명확한 부처님 가르침에 따른 기도입니다. 재수불공을 통해 모이는 기도금은 모두 군부대 초코파이 지원 등으로 회향합니다. 이 또한 보시바라밀의 실천이지요? 힘들고 바쁜 현대인들이 부처님 가르침에 따라 보시와 기도의 공덕을 동시에 일굴 수 있도록 이끄는 방안으로 고안한 특별한 불공입니다.

그럼에도 많은 분들이 재수불공이라고 하면 "아누다라삼먁삼보리를 증득해서 명심견성을 해야지 재수 갖고 되겠습니까?"라며 의구심을 품습니다. 그런데 부처님께서 이처럼 명확한 가르침을 남기지 않았습니까. 육바라밀을 마중물 삼아 수명과 재물을 늘리는 실천 방법들이 『우바새계경』 28품 전체를 아울러 제시되어 있습니다.

이번에는 불교에서 자주 언급되는 가르침인 '자리이타自利利他'를 봅시다. 남과 나를 이롭게 한다는 의미죠. 저는 자리이타의 첫 번째는

"본인 앞가림이라도 제대로 해라"라고 말하겠습니다. 형제 간에 세 번만 돈 빌리러 가보세요. 또 간다고 하면 반갑게 만나줄까요? 자리이타의 기본은 내가 잘 사는 것입니다. 내가 건강하고 재물이 있어 이를 통해 남도 이롭게 할 수 있는 것입니다. 자리이타의 두 번째는 "내가 부자가 되었으니 너도 부자가 되도록 해주겠다"입니다. 예를 들어보겠습니다.

어느 날 부산에서 택시를 탔는데, 기사님께서 재벌 그룹 회장이자 정치인인 한 사람을 대단히 칭찬하는 거예요. 왜 그런가 했더니, 오랜 세월 함께한 본인의 운전기사를 큰 부자로 만들어줬답니다. 사연을 들어보니 어느 날 그 기사에게 5,000만원을 가지고 오라고 한 뒤, 본인의 돈을 보태 3억원 상당의 땅을 사 줬답니다. 2억5000만원을 빌려준 것이죠. 그 뒤 땅의 가치는 10배 증가해 30억원이 됐습니다. 2억5000만원을 갚은 후 남은 돈을 활용해 운전기사 또한 큰 부자가 됐다는 이야기입니다.

무작정 돈을 주기보다 돈을 버는 방법과 그 기초가 되는 부분을 도와준 셈입니다. 나 혼자 잘 먹고 잘 살려고 했다면 욕과 시샘을 받았겠지만 내가 부자가 되고 다른 이도 부자로 만드는 마음부자가 되었으니 나와 타인이 모두 이롭고 세상 또한 밝아진 것이죠.

다른 예를 하나 더 들어볼까요? 아버지와 아들이 짚신 장사를 하는데 아버지가 만든 짚신은 금방 다 팔리고, 아들이 만든 짚신은 팔리질 않아요. 아들이 아무리 물어도 아버지는 자신만의 비법을 꽁꽁 숨겨두고 알려주지 않았습니다. 욕심 때문이죠. 아들은 아버지 임종 전에 다시 비법을 묻습니다. 이미 기력이 쇠한 아버지는 '털털털'이라는 한마디만 남긴 채 눈을 감았다고 합니다. 짚신을 만든 후 털 같은 보푸라기들을 매끈하게 정리하고 깔끔하게 정돈하라는 말인데 제대로 알려주지도 못하고 죽은 거죠. 어떻습니까. 두 사례의 차이가 보이십니까?

"나는 성공했어도 다른 사람은 안돼"라고 생각하면 나도 안 좋고 남도 안 좋아요. 그런데 내가 열심히 노력해 부자가 된 후 집착하지 않고 이웃도 잘살게 하고 두루두루 베풀며 살면 나도 이롭고 세상도 이로운 거죠.

자리이타의 세 번째이자 궁극적인 목적은 바로 '보살'이 되는 것입니다. 육바라밀 실천을 통해 내가 이롭고 남을 이롭게 하다보면 어느 순간 걸림이 없게 됩니다. 그러면 이제 세상의 고통 받는 중생들을 구제하기 위해 나서야 합니다. 중생들에게 깨달음을 전하고 고통을 덜어주는 거죠. 위로는 깨달음을 구하고 아래로는 중생을 구제하는 자, 바로 '보살'입니다. 오로지 중생들의 아프고 쓰리고 힘든 부분을 치유

해주기 위해 삶을 회향하는 거죠.

다음은 육바라밀 실천 주체인 보살에 대한 부분입니다.

"세존이시여, 이러한 육방을 누가 공양할 수 있습니까?"
"선남자여 오직 보살만이 공양할 수 있습니다."
"세존이시여, 어떤 의미에서 보살이라고 합니까?"
"보리를 얻을 수 있기 때문에 보살이라고 하며 보리의 성품을 가졌기 때문에 보살이라고 합니다."

부처님은 "오직 보살만이 공양할 수 있다"고 하셨습니다. 우선 보리의 의미에 대해 살펴보겠습니다. 보리는 곧 깨달음입니다. 산스크리트어로 'Bodhi'를 음역한 것으로, 의역하면 각覺, 지智, 지知, 도道라고 합니다. 불교의 이상인 불타정각의 지혜를 의미하며 대승의 길을 걷는 보살과 성문, 연각이 수행하여 얻는 불과佛果를 가리키기도 하죠.

이 보리심을 얻기 위해서는 뜻을 바로 세워 부처님 말씀에 의지하고 여래와 성인을 가까이 섬기며 어떤 고난을 당하더라도 그 마음을 잃지 않아야 합니다. 지난 강설에서 언급한 '위발대승자설 위발최승자설' 기억하시죠? 보살의 보리가 궁극적이자 최고의 것이라는 가르침인데 이것이 바로 '아누다라삼먁삼보리'입니다.

〈대지도론〉에서는 보리를 발심보리發心菩提, 복심보리伏心菩提, 명심보리明心菩提, 출도보리出到菩提, 무상보리無上菩提로 구분합니다. 발심보리란 발發 보리심 즉 발심했다는 뜻으로, 보살이 깨달음을 얻기 위해 내는 마음 그 자체가 보리에 이르는 원인이 됩니다.

『화엄경』에서는 '초발심시변정각初發心是便正覺'이라고 했습니다. 처음 발심을 이어가면 무릇 정각을 이룬다는 말이지요. 이렇듯 첫 발심이 무엇보다 중요합니다.

이어 복심보리란 번뇌를 이겨내고 모든 바라밀을 수행하는 것이고, 명심보리는 모든 법의 실상을 깨우친 반야바라밀의 모습, 출도보리란 반야바라밀에 사로잡히지 않고 번뇌를 끊어 일체지一切智에 이르는 것을 말합니다. 무상보리란 불타정각의 지혜를 말하는데 보살은 보리살타의 준말로, 곧 무상보리를 구하는 사람을 뜻합니다.

흔히 삼보리라고 하는 것은 실상의 이법을 깨달은 진성보리, 부처님의 깨침인 실지보리, 자유자재로 중생 교화의 방편을 깨치는 방편보리를 칭합니다. 쉽지는 않지요? 괜찮습니다. 가끔 '보리'에 대해 완벽하게 깨우치기 전엔 다음으로 나아가지 않겠다는 분들이 있는데 옳지 않습니다. 첫 술에 배부를 수 없어요. 오직 믿고 실천해도 부족한데 깨달음에 얽매여 이번 생을 허비해서는 안 됩니다. 이해가 어렵더라도 매달리지 마세요.

다시 『우바새계경』으로 돌아갑시다. 이에 대한 가르침이 담겨있습니다.

세존이시여. 보리를 얻어야만 보살이 된다고 한다면 아직 육방에 공양하지 못하였을 때에는 어떻게 보살이라고 하겠습니까. 성품 때문에 보살이라고 한다면 보리의 성품이 누구에게 있습니까? 성품이 있는 자가 공양을 한다면 성품이 없는 자는 공양하지 못할 것입니다. 따라서 여래께서는 "저 육방이 중생의 마음에 속한다"고 말씀해서는 안 될 것입니다.

선남자여, 보리를 얻지 못했기 때문에 보살이라고 하는 것입니다. 보리를 얻은 자는 부처라고 하고 아직 보리를 얻지 못했기에 보살이라고 합니다. (…) 보살은 여러 선업의 인연이 모여 보리심을 내었기 때문에 보살이라고 합니다. 누군가가 "모든 중생에게 보살의 성품이 있다"고 한다면 그렇지 않습니다. (…) 헤아릴 수 없이 많은 선업의 인연으로 보리심을 내기 때문에 보살의 성품이라고 합니다.

어떻습니까? 감동스러울 정도로 확실한 가르침이지요? 보살도를 닦아야 보살이 되는데, 이 보살도로 가는 마중물이 육바라밀이라는 것입니다. 그러나 보살도는 아무나 닦을 수가 있는 게 아니에요. 성품의 차이 때문이지요.

육바라밀을 공양하지 못하였을 때 어떻게 보살이라 하겠습니까? 헤아릴 수 없는 선업의 인연이 기반이 되어 보리심을 내는 것이 바로 보살의 성품입니다. 좀 어렵게 느껴지시겠지만 이 역시도 부처님은 명료하게 알려주십니다. '헤아릴 수 없는 선업의 인연'에 그 답이 있습니다. 『금강경』에서도 부처님은 수보리 존자에게 육바라밀 실천을 반복할 것을 당부합니다. 실천을 통해 아누다라삼먁삼보리를 끝없이 구함으로써, 아라한이 보살이 될 수 있기 때문이지요.

여러분, 간절한 원을 세우세요. 처음부터 거창할 필요는 없습니다. "건강·장수하고 부귀·영화를 누리기 위해서 육바라밀을 실천한다." 이 같은 『우바새계경』의 핵심을 발원하세요. 얼마나 간단하고 명료합니까. 이것이 부처님의 가르침입니다.

선업을 행하고자 하는 마음을 기반으로 끝없이 육바라밀을 실천할 때 헤아릴 수 없는 선업의 인연이 되어 보살의 성품으로 나툴 것입니다. 이해하기보다 실천하세요.

여러분은 지금 유치원생입니다. 박사논문부터 생각하지 말고 열심히 배우고 실천해 보살도를 가겠다는 발원을 품으세요. 힘들어도 포기하지 말고, 흔들리지 말고 실천하고 정진하세요. 이번 생에 쌓은 선업의 인연이 보살도로 이끌어 줄 것입니다.

물론 열심히 육바라밀을 실천하는 데도 인생이 뜻대로 풀리지 않을 수 있어요. 마음이 급하고 답답해도, 흔들리거나 좌절하지 말고 끝없이 행하세요. 믿음이 곧 실천의 토대입니다. 걱정 말고 기도하고 행하세요. 육바라밀의 실천은 곧 건강과 재물 뿐 아니라 당신의 삶에 큰 변화를 가지고 올 것입니다. 기억하세요. 여러분이 보살의 길을 가고자 발심한다면 '불행 끝 행복 시작'입니다.

한국 불자들은 '재수불공'하면 아마 낯설게 느껴질 겁니다.
'재수, 즉 요행을 바라는 불공'이라고 오해를 하는 분들도 간혹 있어요.
그러나 재수불공은 이『우바새계경』에 근거한 기도로,
재물과 수명(건강)을 발원하는 것이죠. 명확한 부처님 가르침에 따른 기도입니다.

부처님께서는 발보리심의 목적에 대해서도 가장 먼저
'수명과 재물을 늘리기 위함'이라고 말씀하셨습니다.
재가불자들은 불교를 믿는 이유를 고민할 필요 없이
"수명을 늘리기 위해서 믿고 재물을 늘리기 위해서 믿는다"고 대답하셔도 됩니다.

제3강 | 발보리심품

부처님이 재가불자에 설한 발보리심
최우선 목적은 재물·수명

오늘은 『우바새계경』 제2품 〈발보리심품〉을 공부하도록 하겠습니다. 지난 강설에서 '보리'가 곧 깨달음임을 확인했지요? 부처님께서는 이 깨달음의 마음을 어떻게 내는지에 대해서도 구체적으로 설하셨습니다.

선생이 세존께 여쭈었다. "세존이시여, 중생은 보리심을 어떻게 냅니까?" "선남자여, 두 가지를 위하여 보리심을 내니 첫째는 수명을 늘리기 위함이고, 둘째는 재물을 늘리기 위함입니다. 또 두 가지가 있으니 첫째는 보살종성菩薩種姓이 끊어지지 않게 하기 위함이고 둘째는 중생의 갖가지 죄와 고통과 번뇌를 끊기 위함입니다."

 부처님께서는 발보리심의 목적에 대해서도 가장 먼저 '수명과 재물을 늘리기 위함'이라고 말씀하셨습니다. 재가불자들은 불교를 믿는 이유를 고민할 필요 없이 "수명을 늘리기 위해서 믿고 재물을 늘리기 위해서 믿는다"고 대답하셔도 됩니다.
 그런데 의구심이 들지요? "너무 세속적인 얘기가 아닐까요? 좀 수준 낮은 얘기가 아닐까요?" 이미 많은 불자들이 제게 물었습니다. 여러분, 불교에 대해 이야기하려면 공空이나 연기, 무아의 진리를 담은, 뭔가 어려운 말을 해야 한다고 생각하나요? 너무나 세속적인 '수명과 재물'을 위함이라고 단정 지어도 괜찮을까 싶지요? 그런데 부처님께서는 왜 그렇게 말씀하셨을까요?

 신심 깊은 불자들이 쉽게 놓치는 한 가지는 바로 지금 이 순간 우리의 삶이 대단히 중요하다는 사실입니다. 한 불자가 물었습니다. "스님이 말씀하시는 불교는 수준이 다소 떨어지는 불교가 아닙니까?" 즉 기복불교祈福佛敎라는 말이지요. 기복불교는 수준 낮은 불교라는 것이 한국 불교계의 대체적인 인식입니다. 그러나 과연 그럴까요?
 안심정사 온라인 카페(cafe.daum.net/ansim24)에 어느 불자가 글을 올렸습니다. "우리 불교가 워낙 고상한 것만 찾다 보니 오히려 현실을 도외시하고 사는 경우가 너무 많다. 불교를 믿는 사람들을 보면 삶이 아닌 허공에 떠 있는 것 같다."

 어떠세요? 공감이 되시나요? 우리가 사는 현실, 그리고 삶 속에서 당면하는 문제들을 생각해 볼까요? 고상하게 깨달음과 진리만 바라보고 있으면 해결이 될까요?

 부처님께서 특별히 재가불자들을 위한 법을 따로 설하신 이유가 바로 여기 있어요. 삶에서 가장 중요한 가치, 즉 수명과 재물을 늘리기 위해 불교를 믿고, 이를 통해 궁극적으로는 깨달음의 마음을 내라는 가르침입니다.

 저는 불자들에게 10가지 목표를 정해 소원표를 작성하라고 권합니다. 간혹 소원을 10개나 적으면 욕심이 아닐까 고민하는 불자들이 있어요. 또 어느 분은 "너무 유치한 소원만 있어서 소원표 작성하기가 부끄럽다"고 합니다.

 전혀 고민할 필요가 없습니다. 내가 스스로 취하고자 하는 목표를 정하고 노력을 하겠다는데 무슨 문제가 있겠어요? 500개, 1000개를 적어도 욕심이 아닙니다. 또한 세속적이고 유치하게 느껴진다고 해서 소원이 되지 못할 이유도 전혀 없어요. 범부중생이 세속적이고 유치한 것은 지극히 정상이니까요. 무엇보다 부처님께서 불교를 믿고 깨달음의 마음을 내는 이유에 대해 이토록 명확하게 말씀하셨잖아요.

'첫 번째 수명을 늘리고 두 번째 재물을 늘리기 위함'이라고요. 착각하거나 고민하지 말고 부처님 말씀을 믿는 데서 출발하세요. 부처님께서 이렇게 명료하게 말씀하셨으니 오해하거나 고민하지 말고 믿으시면 됩니다.

『우바새계경』 제11품 〈자타장엄품〉 첫 구절을 잠시 살펴보겠습니다.

> 선생이 세존께 여쭈었다. "세존이시여, 보살 마하살이 자신과 남을 이롭게 하기 위해서 몇 가지 법을 갖추어야 합니까?"

보살 마하살은 육바라밀을 실천 수행하는 사람들을 말합니다. 보살은 나와 남이 함께 깨달음의 세계로 나가겠다는 원력을 세운 사람을 일컫는데, 그 중에서도 원력을 성취하기 위해 오랫동안 육바라밀을 수행한 사람을 마하살(크게 발심한 사람)이라고 합니다. 부처님은 여기에 대한 답으로 여덟 가지 법을 설합니다.

> "첫째는 긴 수명이고 둘째는 뛰어난 외모를 갖춘 것이며 셋째는 커다란 힘을 갖는 것이고 넷째는 높은 신분을 갖추는 것이며 다섯째는 재산이 많은 것이고 여섯 번째는 남자의 몸을 갖는 것이며 일곱째는 언변이 분명함이고 여덟째는 대중을 두려워 않는

것입니다."

부처님께서 참 재미있는 말씀을 하셨지요? 어찌보면 세속적으로 보일 수 있지만 부처님은 남과 나를 이롭게 하기 위해 구체적인 예를 언급하신 거예요. 어때요? 재가불자들이 나와 남을 이롭게 할 수 있는 보살 마하살이 되기 위해서는 그 목표가 너무나도 명료하지 않습니까? 이 여덟 가지 법을 갖추는 구체적인 방법도 『우바새계경』에 모두 나와 있습니다.

차후 제11품에서 다시 다루도록 하고 〈발보리심품〉으로 돌아가보겠습니다. 중생이 보리심을 내는 이유입니다.

"선남자여, 두 가지를 위해 보리심을 내니 첫째는 한량없는 세상에서 큰 고통과 번뇌를 받으며 이익을 얻지 못함을 관찰하기 위함이고, 두 번째는 비록 갠지스강의 모래알같이 많은 부처님들도 우리의 모든 몸을 제도하여 해탈시킬 수 없기에 자신이 스스로 제도해야 한다는 것을 관찰하기 위함입니다. 또 두 가지가 있으니 첫째는 모든 선한 업을 짓는 것이고, 둘째는 짓고 나서 잃지 않는 것입니다."

바로 우리가 『우바새계경』을 공부하는 이유입니다. 보리심을 내기 위한 목적에는 이토록 큰 의미가 있다는 것 아셨나요? 부처님께서는 『우바새계경』을 통해 재가불자로서 나아갈 방향과 실천행을 구체적으로 설하신 동시에 오직 "스스로가 믿고 실천하고 깨달아야 한다"는 사실을 분명히 하셨습니다. 스스로 주인됨을 일깨우는 가르침이지요.

또 모든 선업을 지어야 함은 물론, 이를 잘 유지해야 한다고 강조합니다. 수명이 길어지고 재물이 늘어나면, 우리가 이를 잘 관리하는 것도 중요합니다. 어찌보면 선업을 짓는 것보다 유지하는 것이 더 힘들어요. 복을 지어 놓고서 그 복을 관리를 못하는 경우들이 많이 있다는 것이죠.

예를 들어 어느 분이 자장면을 보시해 대중공양을 올렸습니다. 그런데 올 때마다 "그 자장면 맛있었지요?"하고 자꾸 물어요. 그것도 한두 번 물어야지 올 때마다 물으면 어떨까요? 짜증이 나겠지요? 만날 때마다 자꾸 옆구리 찔러 절 받으려고 하면 선업을 쌓아놓고도 유지가 되겠어요? 내가 공양을 올렸거나 불사를 했거나 또 누구를 대접했거나 그러면 까마득하게 잊어버려도 괜찮아요. 잊어버리는 게 잘하는 거예요. 바로 '무주상보시'죠. 선업을 통해 복을 잔뜩 심어놓고 원망하는 마음을 내면 그 마음은 곧 독초와 같아서 선업을 모두 독으로 오염시켜 버리는 셈입니다. 베풀었다면 베푼 그 행위로 끝나야지 여기에 보답을 바라거나 원망하는 마음, 탓하는 마음이 생기면 안 되는 거예요. 이미 허공 법계에서 선업에 대한 인과응보로 오는 것이고 부처님께 공양 올려 부처님께서 받아주신 것이니 그것이 어떻게 사용되는지 감시할 필요가 없다는 말입니다.

그럼에도 선업을 잘 지키는 것은 생각보다 쉽지 않아요. 어려운 사람을 도와 성공시켜 놓으면 그 보답을 바라는 마음이 생기는 것이 범부중생의 습성입니다. 그런데 막상 보답을 바라고 찾아가면 문전박대할지도 모르지요. 그 어떤 부귀영화도 영원한 것은 없습니다. 세월이 변하고 위치가 변하고 순서가 변하는 것이 당연합니다. 그러나 우리는 이를 인정하지 못하고 과거에 얽매여 아쉬움이 생기고 원망의 마음이 생기는 것이지요. 따라서 선업을 지어놓고 결국은 악연이 되는 경우도 많은 것이 현실이지요. 잘 돌아볼 필요가 있습니다.

> "또 두 가지가 있으니 첫째는 인간과 하늘의 과보보다 뛰어남을 위한 것이고 둘째는 모든 이승의 과보보다 뛰어남을 얻는 것입니다."

우리가 보살도를 왜 실천할까요? 보살도를 실천하는 것은 여러분들이 성문승이 되려고 하는 것도 아니고 연각승이 되려고 하는 것도 아닙니다. 그 공덕으로 인천의 스승이 되어서, 사람과 하늘 신들을 전부 이롭게 할 수 있는 그러한 스승이 되고자 함입니다. '인간과 하늘의 과보보다 뛰어남을 위하고 이승(성문승과 연각승)을 뛰어남을 얻는 것, 보살도라고 하는 것은 이렇게 위대합니다.'

이제 '수행한다' '닦는다'는 의미에 대해서도 살펴보도록 합시다. 한국 불자들에게 그 의미를 물으면 대부분 명확히 대답을 못합니다. 간혹 비유하는 '거울에 묻은 때를 닦아 낸다'는 의미는 엄밀히 말하면 수정주의로, 불교가 아닌 브라만교입니다.

불교에서 '닦는다'는 곧 '바뀌게 한다'와 상통합니다. 그 방법에는 크게 세 가지가 있는데 삼무루학三無漏學, 즉 계·정·혜戒定慧 삼학입니다. 들어보셨죠?

첫 번째 계학을 살펴봅시다. 계戒는 한자로 지악수선止惡修善, 즉 '악함을 멈추고 선을 닦는다'는 것입니다. 악을 선으로 바꿔간다는 뜻으로 이해하면 됩니다. 내가 악한 마음, 악한 말과 행동을 선함으로 계속 바꿔가는 거예요. 생각 하나하나가 선으로 변하다보면 궁극적으로 지극한 선至善, 또한 선 그 자체가 되는 겁니다. 우리 운명이 완벽하게 달라지겠지요?

두 번째 정학은 '이고득락離苦得樂, 괴로움과 이별하고 즐거움을 얻는다'으로 설명할 수 있습니다. 괴로운 마음을 조금씩 줄여서 즐거운 마음으로 바꾸는 거예요. 그렇게 바꿔나가다 보면 세상 전체가 즐거움으로 바뀌겠지요? 이것이 곧 극락입니다. 극락이 십만팔천리 떨어져 있을지라도 마음을 바꿔나감으로 인해 지금 앉은 이 자리도 극락이 될 수 있다는 것이죠. 하루아침에 바꾸는 것은 어렵겠지만 꾸준히 닦아나가는 것이 중요합니다.

세 번째 혜학은 지혜를 연마한다, 즉 '전미개오轉迷開悟'로 표현할 수 있습니다. 굴릴 전, 어리석을 미. 어리석음을 돌려서 개오開悟, 깨달음을 여는 지혜가 된다는 말이죠. 어리석음과 깨달음은 별개가 아니라 회전문의 양문과 같습니다. 한 바퀴 돌리면 어리석음, 한 바퀴 돌리면 깨달음이죠. 어리석음을 계속 지혜로 바꿔가는 노력이 필요합니다.

계·정·혜, 삼학은 바로 이런 의미입니다. 어떻게 바꿔나갈 지에 대한 고민은 우리의 몫이며 노력이겠지요. 지난 강설에서 설명한 자리이타의 세 가지 단계 기억하시죠? 첫 번째는 내 앞가림을 잘하고, 두 번째는 남을 돕고, 세 번째 보살도를 실천하는 것입니다. 안심정사 온라인카페에 기도 경험담을 나누는 게시판이 있습니다. 한 불자가 기도해서 성취한 내용을 올리면 감동과 감사의 댓글이 잇따라 올라옵니다. 그 자체로 법공양인 셈이죠. 내가 기도로 성취한 뒤 그 경험담을 나눠 남도 성취할 수 있도록 돕는 것이니, 나와 남이 좋을 뿐 아니라 법공양의 공덕까지 이어진다고 볼 수 있습니다.

여기서 한발 더 나아가면 '이제 오직 남들만을 위해서 봉사하면서 살겠다'는 원력이 되겠죠? 이때부터는 그야말로 무량대복無量大福입니다. 보살도를 실천함은 곧 인간과 하늘의 과보를 넘어 이승(성문·연각)의 과보보다 뛰어남을 얻는 일이니 얼마나 행복하고 멋진 일입니까.

여러분, 천천히 한 발 한 발 내디디세요. 내가 힘든 상황임에도 고통 받는 모든 중생들을 구제하겠다는 무거운 발원으로 힘들어하지 말고, 내 앞가림부터 잘 하고 주위를 도운 뒤 차근차근 원대한 발원으로 나아가세요. 내 아들로 인해 고민하고 있다면 먼저 아들을 위해 기도하세요. 세상의 아들들을 위한 기도는 우선 불보살님들에게 맡겨 두십시오. 나와 내 아들이 행복해진 후 그 방법을 공유하고, 나아가 발보리심으로 세상 아들들을 위해 기도하는 것이 바람직한 순서일 수 있습니다.

"또 두 가지가 있으니 첫째는 괴로움과 번뇌를 받아 보리의 도를 구하기 위함이고 둘째는 셀 수 없이 크고 많은 이익을 얻기 위함입니다."

부처님께서는 또 무량하고 큰 이익을 얻기 위해 발보리심하는 것이라고 설하셨습니다. 그러니 재가불자들의 유치하고 세속적인 발원은 결코 부끄러운 것이 아닙니다. 부처님은 삶 속에서 실천할 수 있는 진리를 설하고 그 실천을 말씀하셨기 때문입니다.

이것은 저의 개똥철학이 아닌 경전에 근거한 부처님 말씀이니 일단 믿고 따라보세요. 저 역시 이번 연재의 형태는 '강설'이지만 재가불자를 위한 경전이니만큼, 보다 쉽고 편하게 다가가도록 하겠습니다.

감사합니다.

내가 힘든 상황임에도 고통 받는 모든 중생들을 구제하겠다는
무거운 발원으로 힘들어하지 말고,
내 앞가림부터 잘 하고 주위를 도운 뒤 차근차근 원대한 발원으로 나아가세요.
내 아들로 인해 고민하고 있다면 먼저 아들을 위해 기도하세요.
세상의 아들들을 위한 기도는 우선 불보살님들에게 맡겨 두십시오.

제4강 | 비품

모든 중생 무여열반 이끌고자 내는
대비심이 곧 보살심

이번 주에는 『우바새계경』 세 번째 장 〈비품悲品〉을 공부해 보겠습니다. '비'는 슬프다는 의미의 '슬플 비'자입니다.

선생이 세존께 여쭈었다. "세존이시여, 저 육사외도들은 인과를 말하지 않지만, 여래께서는 두 가지 인因을 말씀하시니, 하나는 생인生因이고 다음은 요인了因입니다. 그렇다면 부처님께서 처음에 말씀하신 보리심을 낸다는 것은 생인입니까, 요인입니까?"

생인·요인이라 함은 직접적인 원인과 보조적인 원인을 뜻합니다. 부처님은 이에 대한 답으로 한 가지 원인에서부터 열두 가지 원인인

12연기까지 보리심을 내는 요인들에 대해서 두루 설명을 하고 계십니다. 쉬운 내용은 아니지만 중요한 부분이기에 꼭 읽어보시길 바랍니다.

12연기까지 설명을 하신 다음에는 다음과 같이 설하십니다.

"선남자여, 지혜가 있는 사람은 모든 유루법有漏法의 셀 수 없고 끝도 없는 인因과 모든 무루법無漏法의 셀 수 없고 끝도 없는 인因을 다 알고자 하기 때문에 보리심을 발합니다. 그러므로 여래를 일체지자라고 합니다."

『우바새계경』은 『금강경』과 같은 맥락이라고 여러 번 말씀드렸지요? 『금강경』에도 처음에 '발아누다라삼먁삼보리심자는 응운하주며 운하항복기심'이라는 구절이 나옵니다. 수보리 존자가 부처님께 보리심을 낸 사람이 어떻게 그 마음에 머물고 어떻게 항복받아야 하는지 여쭙는 대목입니다. 수보리 존자는 삼아승지겁 동안 열심히 도를 닦아 마지막에 무여열반 세계에 들어가려고 했습니다. 그때 여태까지 함께 수행했던, 수행을 도와줬던 대중들이 눈에 보인 겁니다. 그 대중들이 바로 여러분입니다. 재가불자들은 물론 도반들이 아직 그 상태에 도달하지 못한 사실을 깨닫고 부처님께 물었던 것입니다.

부처님은 "마땅히 그렇게 머물고 항복 받으라" 하시며 복 짓는 이야기, 즉 보시바라밀을 설하십니다. 또 모든 구류중생 그러니까 약난생, 약태생, 약습생, 약화생뿐 아니라 그 형상이 있거나 없거나, 생각이 있거나 없거나 모든 중생들을 자신보다 먼저 무여열반에 들어가게 하겠다는 마음이 곧 발보리심이라고 하십니다. 깨달음의 마음이죠. 출가수행자인 아라한이 보살도로 넘어가기 위해 낸 마음과 같습니다. 부처님은 구류중생 전부 다 무여열반에 들어가게 하겠다는 마음을 내고 그 마음 낸 사실조차 잊으라고 하십니다. 이게 『금강경』의 핵심입니다.

불교는 실천의 종교입니다. 어떻게 실천해야 하느냐? 지식과 이론도 물론 중요하지요. 그러나 지극한 신앙과 완벽한 도덕이 우선돼야 합니다. 즉 계·정·혜 삼학을 고민하면서 밤새워 '인생이 무엇인가' 고뇌하며 부처님께 대답을 구할 때 진정한 의미가 나오는 것입니다. 지극한 신앙과 완벽한 도덕을 추구하기 위해서 우리가 불교를 믿는 것인데 지식과 이론뿐 아니라 실천이 중요한 거죠.

그래서 우리는 실천에 대해 수지, '닦을 수'자에 '가질 지'자를 더해 수지한다고 합니다. 수지독송의 수지와는 좀 달라요. 수지독송은 '받을 수'자에 '가질 지'자죠? 실천하는 수지는 '닦는다'는 뜻이에요. 닦는다는 것은 곧 변화입니다. 괴로운 것을 즐거운 것으로 바꾸게 하는 것이 정학, 악한 것을 선한 것으로 바꾸는 것이 계학, 어리석은 것을 지혜로 돌리는 것을 혜학이라고 하는 거에요. 계·정·혜, 기억하시죠? 우리의 정신과 의식 상태를 계속 닦아 발전시켜 나가야 되는 거예요. 그렇게 되면 어느 단계엔 '전식득지', 우리가 알고 분별했던 것이 전부 지혜가 되고 반야가 되어 우리 생활을 풍요롭게 만들어줍니다. 그게 발보리심, 깨달음의 마음이에요.

다시 〈비품〉으로 돌아가서 이 깨달음의 마음이 어떻게 나오는지 살펴봅시다.

"선남자여, 중생이 보리심을 내는 데는 생인이 있거나 요인이 있거나 혹은 생인과 요인이 있습니다. 그대는 생인이 곧 대비大悲임을 알아야 합니다. 가여워함[悲]으로 인하여 발심을 하니 비심悲心은 생인이 됩니다."

보리심이 나오는 요인에는 생인, 즉 직접적인 원인과 요인, 즉 환경의 원인이 있다는 거예요. 부처님은 생인에 대해 곧 대비大悲라고 설하셨습니다. 우리가 보리심을 내는 이유는 바로 크게 가여워하는 마음의 발로라는 것이지요. 수보리 존자가 무여열반에 99.9% 들어갔다가 잠깐 고개를 돌려 구류중생들을 본 뒤 낸 마음입니다. 대승의 마음,

보살의 마음이죠. 그리고 부처님께 "저 극락세계로 나아가고자 하는 이 강력한 욕구를 어떻게 항복받고 이 중생들을 위해 어떻게 제가 머물러야 되겠습니까?"하고 묻습니다. 범부중생들도 모두 발아누다라삼먁삼보리심을 낼 수 있도록 수명을 연장하고 재물을 늘리는 방법을 가르쳐야겠는데, 어떻게 하면 될지에 대한 고민이지요.

부처님은 『우바새계경』에서 보리심을 내는 직접적인 원인이 크게 가여워하는 그 마음에 있다고 설하셨습니다. 계율을 지키지 못하고 마음을 차분하게 가라앉힐 수도 없으며 지혜도 없는 모든 구류중생을 무여열반으로 이끌어 나가겠다는 원, 그 속에 바로 대비심이 있습니다. 우리가 금방 실천하기는 힘들겠죠? 하지만 우리가 실천하고자 하는 마음들을 자꾸 내야 합니다. 그래서 부처님은 중생이 보리심을 내는 직접적인 원인이 '대비'에 있다고 하셨으니까요.

세존이시여, 어떻게 해야 비심을 닦을 수 있습니까?
"선남자여, 지혜로운 이는 중생이 생사고뇌生死苦惱의 큰 바다에 빠진 것을 보고 건져내고자 하니 비심을 냅니다. 또 중생에게는 아직 십력十力, 사무소외四無所畏, 대비大悲의 삼념三念이 없음을 보고, '내가 어떻게 해야 저들이 그런 것을 갖출까' 생각하므로 비심을 냅니다. 또 비록 중생에게 원한과 삼독심이 많더라도 사랑하는 생각이 일어 비심을 냅니다. 또 중생이 바른 길을 몰라 헤매어도 인도하는 이가 없음을 보기 때문에 비심을 냅니다…"

지혜로운 이는 부처님의 지혜를 자꾸 닮아가고자 노력하는 이입니다. 중생이 생사고뇌의 큰바다에 빠진 것을 깊이 보고 건져내고자 비심을 내니 우리도 자꾸 이런 마음을 가져야 돼요. 옆에 사람이 날 때리면 나도 때리고 싶지만 그 사람을 건져내고자 하는 마음을 내야 바람직한 길입니다. 우리가 화나고 짜증나는 것은 범부중생으로서 당연한 마음이지만, 불자로서 그 마음을 돌려 어떻게 변화할지에 대한 노력은 스스로 해야 하는 거죠. 우리는 부처님 말씀을 현실에서 배우고 실천하는 불자이니, 생사고뇌의 큰 바다에서 중생들을 하나하나 건져내야겠다는 대비심을 내야 합니다.

원을 세우고 가장 먼저 시작하는 것이 뭐죠? 육바라밀 실천입니다. 〈집회품〉부터 수차 강조한 것 기억하시죠? 내가 가진 범위, 아는 범위 내에서 뭐라도 하나 실천하고 도우려는 그 마음이 곧 육바라밀의 보시바라밀이 되는 것이죠.

우리는 그래도 금생에 복이 많아서 부처님 법을 배우고 조금이라도 느끼고 알고, 실천하려고 하는데 그것조차 전혀 모르는 저 중생들을 어떻게 해야 되지요? 부처님 법 하나를 배웠으니 참되게 닦고 지켜

나갈 뿐 아니라, 주위를 보며 가여워하는 마음, 안타까워하는 마음, 슬픈 마음을 낸다는 거예요.

지혜는 자비를 실천하기 위해서 필요한 겁니다. 불교는 자비의 종교이지 지혜의 종교가 아닙니다. 자비는 불자로서 우리가 생활에서 늘 지니고 있어야 하는 가치입니다. 그렇다면 우리가 어떻게 자비를 실천할까요? 생활 속에서 계·정·혜를 닦고 탐·진·치·만·의를 줄이기 위해 노력하면 됩니다. 그것이 곧 자비의 실천이에요.

삶 속에서는 부처님께서 말씀하신 계율을 지키고 마음을 고요히 가라앉히기 위해 노력하고, 현실을 냉철하게 판단하기 위해 노력하는 것이 계·정·혜죠. 늘 우리 마음을 움직이고 있는 탐내고, 성내고, 어리석고, 교만하고, 의심 많은 마음을 잘 살펴야 합니다. 그것이 곧 부처님 가르침을 실천하는 토대가 될 수 있으니까요. 이런 부분들을 우리가 알고는 있지만 실천하기란 쉽지 않죠. 삶은 우리의 현실이기 때문에 시시각각 변화하는 마음들에 끄달리기 마련이기 때문이지요. 그러나 작은 것이라도 아는 것을 현실에서 실천하기 위해 노력하는 것이 굉장히 중요합니다. 비록 미워하는 마음과 삼독심이 있더라도 사랑하는 마음이 곧 보살의 마음입니다.

부처님 법을 만나긴 했지만 정작 무엇이 문제인지를 몰라 더욱 혼란을 느끼고 방황하는 불자들이 많습니다. 법당에서 무엇을 빌긴 하는데 물으면 그냥 얼버무리는 경우도 많아요. 목표가 없는 거죠. 그리고는 기도해도 안된다고 하소연해요. 할 수 있다고 믿으면 할 수 있는 일만 보이고, 할 수 없다고 생각하면 할 수 없는 이유만 보입니다. 명확한 목표는 부처님께서 제시해주셨으니 일단 믿어보세요. 그리고 실천하기 위해 노력하세요.

자비심을 내는 방법에는 두 가지가 있어요. 첫 번째는 몸을 닦는 수신이 있고, 마음을 닦는 수심이 있어요. 몸을 닦는 것은 대단히 중요합니다. 목욕탕에 가서 사우나 하라는 얘기가 아니에요. 안·이·비·설·신(눈·귀·코·혀·몸)을 바꾸는 작업을 하는 거죠. 보는 것을 바꾸고, 듣는 것을 바꾸고, 냄새 맡는 것을 바꾸고, 말과 표현을 바꾸고, 몸으로 하는 것을 바꾸는 겁니다. 공자님 말씀 중에 멋진 대목이 있어요. "예가 아니거든 보지말고, 예가 아니거든 듣지 말고, 예가 아니면 말하지 말고, 예가 아니면 움직이지 말라." 수신의 한 방법입니다. 수신과 함께 수심, 마음도 닦아야겠죠?

물론 쉽지 않아요. 그러니 우리는 꾸준히 도전하면서 계속 노력해야 합니다. 왕양명이라고 하는 중국의 유명한 성리학자가 이런 말을 남겼죠. "산속의 도둑은 잡기 쉽지만 마음속의 도둑은 잡기 어렵다."

　수심을 현실에서 쉽게 실천하는 방법도 있습니다. 부처님께서 말씀하셨잖아요? 바로 비심을 내는 것이죠. 안타까워하는 마음, 가여워하는 마음을 내는 겁니다. 이 마음이 처음부터 들면 얼마나 좋겠어요. 하지만 힘들겠죠? 차근차근 시작하면 됩니다. 부처님 공부와 관련 『화엄경』에 51학렬이 있습니다. 51단계의 수행 과정이에요. 이걸 51학년이라고 치면 대부분 불자들이 1,2학년일 겁니다. 1학년 때 배우는 것은 신심이에요. 불에 들어가든, 물에 들어가든 굳건한 신심으로 부처님을 믿는 것이죠. 신심이 굳건하다고 해서 51학년이 될 수는 없어요. 유치원에서 아무리 공부 잘한다고 해도 박사학위 받지는 않잖아요? 그러니까 세월이 필요합니다. 꾸준한 공부가 필요한 거예요. 차곡차곡 배워 올라가다 보면 어느새 51학년이 될 수 있을 겁니다. 제일 중요한 것은 자기 의지를 굳게 갖고 노력을 멈추지 않는 거예요.

　한 법우님이 100일 지장기도를 입재하고 새벽에 일어나려고 하는데 너무 힘든 거예요. 잠을 이기기가 하도 힘드니까 장롱 서랍을 빼서 머리 올려 놓은 채 기도를 했다고 합니다. 의지가 대단하죠? 이렇게 어느 단계에 가니까 보살님들이 감동을 하셨는지 한 시간을 자던, 두 시간을 자던 숙면을 해 피로가 쌓이질 않는답니다. 우리가 수행을 하는 것은 곧 힘을 기르는 거예요. 노력을 멈추면 안됩니다.

"또 중생이 몸과 입과 뜻으로 선하지 않은 악업을 지어서 괴로움의 과보를 많이 받으면서도 도리어 즐거워하고 집착하는 것을 보기 때문에 비심을 냅니다. 또 중생이 오욕을 갈구하는 것이 목마를 때 짠물을 마시는 것과 같음을 보기 때문에 비심을 냅니다. 또 중생이 즐거움을 구하고자 하지만 즐거움의 인을 짓지 않고, 괴로움을 좋아하지 않으나 괴로움의 인을 즐겨 지으며, 천상의 낙을 받고자 하나 계戒를 갖추지 않음을 보기 때문에 비심을 냅니다. 또 중생이 아我와 아소我所가 없음에도 아와 아소라는 생각을 내는 것을 보기 때문에 비심을 냅니다."

우리네 중생들의 모습이 다 나와있지요? 여러분, 비심을 내는 것은 곧 변화를 이끄는 시작입니다. 난행능행, 어려운 것을 능히 행하고자 하는 마음으로 계속 도전하다 보면 어느 순간 변화가 느껴지실 겁니다. 기도를 하다보면 방해하는 요소들이 생기기도 합니다. 자비의 힘과 인내의 힘으로 뚫고 나가야 합니다. 대부분 불자들이 기도를 하다가 도중에 포기하는데 대단히 안타까운 일입니다.
〈비품〉에는 우리가 비심을 내는 이유가 수없이 나와 있습니다. 우리는 이것들을 하나씩 체크해 가면서 곱씹고 되새겨야 해요. 이렇게 진지한 자세로『우바새계경』제28품까지 끝내면 여러분은 보살 마하살이 되어 있을 거예요. 자비의 향기는 남들이 먼저 압니다. 스스로는 하나도 안 변한 것 같은데 다른 사람들이 "어 저 사람 뭔가 변했네" 합니다.

재가불자를 위한 실천적인 내용을 담고 있는 경전들이 한국 불교에 많이 보급될 필요가 있어요. 불자 한 사람, 한 사람이 변하다보면 세상이 밝아질 수밖에 없겠지요? 여러분, 하루 한 번이라도 짜증나고 화나는 마음을 돌려 "무슨 사연이 있겠지"하면서 가여워하는 마음을 가져보세요. 한 번이 두 번이 되고, 두 번이 세 번이 되다보면 습관이 되고 인생이 달라집니다. 오늘날 한국 불자들은 정말 복이 많습니다. 삶을 바꾸고 세상을 바꿀 수 있는 이『우바새계경』을 공부하고 있으니까요. 감사합니다.

불교는 실천의 종교입니다. 어떻게 실천해야 하느냐?
지식과 이론도 물론 중요하지요.
그러나 지극한 신앙과 완벽한 도덕이 우선돼야 합니다.
즉 계·정·혜 삼학을 고민하면서 밤새워 '인생이 무엇인가' 고뇌하며
부처님께 대답을 구할 때 진정한 의미가 나오는 것입니다.

제5강 | 해탈품(解脫品)-상

운명의 장애물인 번뇌·업장 벗어나 해탈에 이르는 방법

오늘은 『우바새계경』〈해탈품〉을 공부하도록 하겠습니다.

"선남자여, 선남자, 선여인으로서 자비심(가여워하는 마음)을 닦으면 이 사람은 모든 법의 체法體인 해탈분을 얻을 것입니다." 선생이 세존께 여쭈었다. "세존이시여, 말씀하신 체體라는 것은 어떤 것입니까?" "선남자여. 몸과 입과 뜻을 가리킨 것입니다. 이 몸과 입과 뜻은 방편에 따라 얻습니다. 방편에는 두 가지가 있으니, 첫째는 귀로 듣는 것 이고, 둘째는 사유思惟하는 것입니다."

몸과 입과 뜻을 통제하고 조복을 하는 방법이 두 가지가 있는데 귀로 듣고 얻는 지혜인 문혜_{聞慧}, 그리고 생각해서 얻는 지혜인 사혜_{思慧} 두 가지가 있습니다.

『천수경』의 개경게를 보면 '아금견문득수지_{我今見聞得受持}'라고 나와있지요? 보고 듣고 받아 지닌다는 뜻입니다. 해탈을 위해선 몸과 입과 뜻을 잘 조복해야 되는데, 몸은 몸이 좋은 데로만 자꾸 가려고 하고, 입은 말 하고 싶은 것만 하려고 하고, 또 생각도 자기가 좋아하는 것만 추구하잖아요? 이걸 통제해서 부처님 말씀에 잘 맞게 만들어가는 방법이 바로 '방편'입니다. '방편'은 쉽게 접근하게 한다는 뜻입니다. 편리를 준다. 즉 몸과 입과 뜻을 훈련시켜서 남들도 좋고 나도 좋도록 자비를 베푸는 데 쓰게 한다는 말입니다. 이 몸과 입, 뜻을 밀교에서는 3밀이라고 표현합니다.

부처님 되는 공부로 업을 돌려서 자량으로 바꿔 주는 것이죠. 그래서 귀로 듣는 것이 중요하고 들은 것을 잘 생각하는 것이 중요하다 해서 문혜와 사혜를 아주 중요시하는 거예요. 여기에 더해 세 가지로 할 때는 문·사·수라고 합니다. 들을 문_聞, 생각 사_思, 닦을 수_修-몸으로 하는 것, 즉 몸과 입과 뜻 세 가지를 공부하라는 것이지요.

그러니까 우리가 몸 조심, 입 조심, 생각 조심하는 것이 곧 기도가 됩니다. 이를 위한 방편이 귀로 듣는 문혜, 사유하는 사혜 두 가지가 있는 것이지요.

"또 세 가지가 있으니, 첫째는 은혜를 베푸는 것이고, 둘째는 계율을 지키는 것이며, 셋째는 많이 듣는 것입니다."

부처님께서는 우리의 몸과 입과 뜻을 훈련시키고 교육시키려면 이 세 가지가 중요하다고 설하셨습니다. 세 가지 모두 실천적인 형태라는 것에 주목할 필요가 있습니다. 『우바새계경』은 이론에서 멈추는 것이 아니라 우리 삶에서 직접 행할 수 있는 실천들을 담고 있습니다. 잘 읽고 숙지하여 나와 내가 만나는 사람들에게 적용해봐야겠다는 마음을 지니는 게 중요합니다.

〈대지도론〉에 보면 재가불자들은 근본적으로 다섯 가지 계율을 지키라고 나옵니다. 우리 불자들은 계율에 대해 철저하게 지키지 않는 모습이 많지만, 계율을 지키는 것은 대단히 중요한 거예요. 계율을 지키지 않고서는 그 무엇도 아무것도 되지 않습니다. 내가 지킬 수 있는 한 가지 계율을 정해서 하나하나 늘려나가는 노력을 해보세요.

언젠가 대학 동창들이 법문을 요청해서 겸사겸사 신년모임을 했습니다. 한정식 전문점에 갔는데 제가 평소에 안 먹는 음식들만 나오더라구요. 평소대로 "안 먹는다"고 했지요. 그랬더니 식당 사장님이 환한 웃음을 띠고 직접 나오시더니 "우리 스님 뭘 드시면 좋겠냐"며 오대산에서 가져 온 송이버섯과 더덕을 막 갖다 주시대요. 제가 거기서 VVIP대접을 받고 왔다니까요.

그 주인은 틀림없이 불자셨으리라 생각합니다. 스님이 육식, 홍어삼합 등을 쳐다도 안 본다며 얼마나 좋아하셨는지 몰라요. 그때 느꼈지요. "아! 세상이 이러니저러니 해도 불심은 살아있구나." 그리고 느낀 점이 또 한 가지 있습니다. "계율이라는 게 참 중요하구나. 계율은 스스로 나를 지키는 가장 큰 무기에 다름 아니구나"하는 깨달음 말입니다.

부처님께서는 셋째로 많이 듣는 것을 강조하셨습니다. 우리는 법문을 많이 들어야 돼요. 우리 불교가 지구상에서 가장 멋지고 좋은 종교임을 배우고 알 수 있는 방편이 바로 법문이거든요. 조금 아쉬운 것은 한국에 좋은 법문은 많이 있지만 쉬운 법문이 없다는 겁니다. 이해하기 쉽고 자기 수준에 맞는 다양한 법문이 있어야 하는데 그게 좀 부족한 것이 치명적인 약점이라는 생각이 듭니다.

자기에게 맞는 법문을 통해 부처님 가르침을 듣고 이해하지 않으면 자기가 아는 것이 전부라 생각해버리고 거기에 머물러있게 됩니다. 고인 물은 썩는 것이 당연한 이치죠. 혼자만의 세상에 빠져, 듣지 않으면 자신에 대한 아집과 독선이 생겨나게 됩니다. 늘 읽고 듣고 생각하고 또 그것을 실천하는 자세가 필요해요. 우리 불자들은 변화해야 합니다. 보면 지구상에서 가장 독서량이 없는 종교인이 아마 한국 불자들이 아닐까 싶어요. 읽고 듣지 않으면 발전이 없어요. 여러분들은 바쁘겠지만 반드시 법문을 듣고 불서를 읽어야 합니다.

선생이 말하였다. "세존이시여, 부처님께서 말씀하신 바와 같이 세 가지 방편으로 해탈분을 얻는다면, 이 세 방편의 수를 정할 수 있지 않겠습니까?"

"그렇지 않습니다. 선남자여. 왜냐하면 어떤 사람은 한량없는 세상에 한량없는 재물을 한량없는 사람에게 보시하여도 해탈분법을 얻지 못하지만, 어떤 이는 한 때 한 줌의 보리가루를 한 거지에게 베풀어도 그와 같은 해탈분법을 얻습니다."

해탈에 대해 우리 불자들이 착각하는 것이 있어요. 해탈은 계·정·혜나 진·선·미를 벗어놓는 것이 아닙니다. 걸림없다고 해서 부처님 법문도 벗어나고 계율도 벗어버리는 것이 아니에요. 해탈은 오직 우리가 번뇌·업보에서 벗어나는 거예요. 번뇌·업보는 우리 운명을 가로막고 있는 '운명의 장애물'입니다.

운명의 장애물을 보통 세 가지로 표현하는데 첫 번째가 번뇌의 장애인 '번뇌장', 두 번째 업의 장애인 '업장', 세 번째가 결과로 얻은 장애인 '보장'입니다. 여기서 벗어나는 것을 우리가 해탈분이라고 표현하는 거예요. 무조건 벗어나라고 다 벗어나는 게 아닙니다.

그러면 번뇌는 무엇일까요? 대체로 '탐·진·치·만·의(탐내고 성내고 어리석고 교만하고 의심하는 마음)'로 대표되지요. 근본 번뇌는 여기서 벗어나는 거예요. 즉 탐냄과 성냄, 어리석음과 교만함, 의심에서 벗어나는 것이 해탈입니다. 업의 장애라고 하는 것은 몸과 입과 뜻으로 지은 장애를 말합니다.

우리가 똑같이 인간 몸을 받았어도, 몸이 사는 게 지옥인 사람이 있고, 입이 사는 게 지옥인 사람이 있고, 생각이 사는 게 지옥인 사람이 있잖아요. 몸이 여유가 없고 늘 부대끼고 힘들고 잠시도 쉬지 못하고 일을 하고 뛰어다녀야 되는 것이 곧 지옥이죠. 입으로 "재수 없어, 죽겠어, 환장하겠어, 미치겠어." 이런 말을 하는 사람들은 또 말의 장애가 오니 입이 지옥입니다. 이게 굉장히 무서운 거예요. 말은 우리의 생각을 대변해 주니까요. 쓸데없이 부정적인 생각으로 가득 차면 이게 또 생각의 지옥입니다.

그런데 우리가 '정말 잘돼, 할 수 있어'라며 긍정적인 이야기를 한다면 어떤가요? 몸과 입과 생각이 다 긍정적으로 변하면, 우리가 만들고 있는 지옥이 변하지 않겠습니까? 쓸데없는 생각을 하느니 차라리 '정말 잘돼'를 늘 말하고 생각하고 다니다보면 어느새 '잘되는 것'이 당연하게 됩니다.

여기 부처님께서도 모든 중생의 마음이 다 같지 않다고 말씀하고 있지 않습니까. 한량없는 재물보다 보릿가루 한 줌을 베푼 이가 해탈분법을 얻기도 하니까요. 바로 그 동기가 어디에 있는지에 따른 차이입니다. 아무리 많이 베풀어도 내 개인의 사리사욕만을 위한다면, 이는 남을 위하는 진심이 담긴 한 웅큼의 보릿가루보다 못한 것입니다. '빈여일등'이 대표적이지요.

> "어떤 사람은 한량없는 부처님께서 계신 곳에서 계율을 받아 지켜도 해탈분법을 얻지 못하지만, 어떤 이는 하루 낮 하루 밤 동안 팔계(팔관재계)를 지키고도 해탈분법을 얻습니다. 어떤 사람은 한량없는 세상의 한량없는 부처님의 '십이부경十二部經'을 수지 독송하고도 해탈분법을 얻지 못하지만, 어떤 이는 사구게四句偈 하나만 읽고서도 해탈분법을 얻습니다. 왜냐하면, 모든 중생의 마음이 같지 않기 때문입니다."

정말 중요한 부분입니다. 우리가 베풀고 듣고 지키는 것이 왜 중요한지를 보여주고 있기 때문입니다. 그 이유나 목적이 분명하지 않다면 건성으로 하게 되고, 건성으로 한 것은 생각보다 그 의미가 크지 않아요. 우리 인생살이가 무상하고, 무상한 것은 괴롭고, 괴로운 것은 자유가 없기 때문입니다. 이걸 우리가 인생에서 느꼈다면 해탈분법을 이미 얻은 게 되는 거예요.

금생의 부족함으로 이 사실을 죽을 때까지 모르는 사람도 많은데 여러분들은 감사한 일이지요. 부처님 가르침 속에서 생사의 허물(육도윤회)이 얼마나 무서운가를 차츰차츰 알아갈 수 있으니까요. 한 생각 잘못하면 무조건 또 한 생을 태어나서 지지고 볶고 해야 됩니다. 불교가 위대하다고 하는 것은 부처님께서 육도윤회를 근본적으로 벗어나는 방법을 가르쳐 주셨기 때문입니다.

그래서 첫 번째로 생사의 허물을 알아야 합니다. "기뻐서 미치고 환장하고 팔짝 뛰겠는데 생사의 허물이 뭔 필요가 있대요?" 그러면 금생에선 안 되는 거예요. 이 세상은 정말 위험한 곳입니다. 여차하면 업을 쌓아 지옥·아귀·축생이 기다리고 있고 천상계를 간다 해도 업이 다하면 다시 지옥으로 떨어져서 고통 받지요. 그래서 부처님이 인간 몸 받기 힘들다고 하신 거예요. 이번 기회를 놓치면 다음 생에 인간으로 태어날 수 있을지, 또 불법을 만날 수 있을지 아무도 몰라요. 우리가 불퇴전지(수다원)까지 올라가지 못하면, 다시 어느 곳에 가서 방황할지 모르죠. 이걸 생사의 허물을 알았다 이렇게 표현하는 거예요.

또 우리네 인생이 아무리 기뻐도 그 기쁨은 다 한계가 있잖아요. 결혼하고 5년 만에 아들 낳았다고 좋아했는데 그 아들이 속을 썩이게 될 줄 어떻게 알았겠어요? '아이구, 내가 저걸 왜 낳았나' 싶은 사람도 많이 있잖아요. 그렇지요?(웃음) 아무리 기쁘다고 한들 한순간에 지나가는 것이고 순간일 뿐입니다. 기쁨은 잠깐이고 고통은 길다는 것 또한 생사의 허물일 수 있습니다.

다음에는 열반의 기쁨, 그 안락함을 알아야 합니다. 우리가 열반의 기쁨을 알게 되면 자연스럽게 모든 것의 우선순위가 바뀝니다. 부처님 법을 먼저 공부할 수밖에 없는 겁니다. 그렇게 그 생사의 허물을 알고 그 다음에 열반의 안락함을 알게 되면 여러분들이 보릿가루 한 웅큼을 주어도 그것으로 해탈분법을 터득하게 되고 알게 된다는 거예요. 불교가 이렇게 멋진 종교입니다. 그렇지요?

오랫동안 바둑을 배웠다고 해서 다 실력이 있는 건 아닙니다. 18급끼리 20년간 하면 뭐해요. 그래봤자 18급입니다. 그런데 제대로 된 스승한테 가서 배우면 잠깐 동안에도 실력이 늘어나는 거예요. 해탈분법도 마찬가지예요. 그래서 생사의 허물을 싫어하고 열반공덕의 안락함을 깊이 보는 사람은 비록 베푼 것이 적고 계를 지킨 것이 적고 들은 것이 적어도 해탈분법을 얻습니다. 다음을 봅시다.

"선남자여, 이 법을 얻는 자는 세 때 중, 즉 부처님께서 세상에 나오시는 때나, 연각이 나오는 때나, 이 두 때가 없으면 아가니타천색구경천, 色究竟天이 해탈을 설할 때 이 사람이 듣고 해탈분을 얻습니다."

즉 부처님께서는 해탈법문에 대해 부처님이 오셔서 하시거나 벽지불 연가이 와서 하시거나 그렇지 않으면 색구경천의 하늘에 계신 천신이 와서 이를 설할 때 듣고 해탈분을 얻는다고 하셨습니다.

"선남자여, 이와 같은 법은 욕계천이 얻을 수 있는 바가 아니니 방일하기 때문입니다. 또 색천(색계천)에서도 얻을 수 있는 것이 아니니 세 가지 방편이 없기 때문입니다. 또 무색천이 얻을 수 있는 바가 아닙니다. 왜냐하면, 이 법의 체는 이 몸과 입과 뜻인데 몸과 입이 없기 때문입니다. 북구로주 사람들도 역시 얻지 못하니, 이 세 가지 방편이 없기 때문입니다."

세 가지 방편은 앞서 공부한 혜시, 지계, 다문인 것 기억하시죠? 여기서 거듭 강조됩니다. 욕계천은 욕계육천으로, 사천왕천부터 도리천, 야마천, 도솔천, 화락천, 타화자재천 등입니다. 이들은 방일하기 때문에 해탈을 얻을 수가 없습니다. 무색천에는 공무변처천, 식무변천, 비상비비상처천, 무소유처천 등 사선천이 있습니다. 무색계에는 생각만 있고 몸과 입이 없습니다. 여러분들이 당장 쌀 빌리지 않으면 굶어죽는 상황이 아니라면 혜시와 지계와 다문을 자꾸 실천하기 위해 노력해야 합니다.

　북구로주는 어디일까요? 불교에서 북구로주를 장수천(우타라쿠루)이라고 칭합니다. 이곳은 복보가 가장 뛰어나므로 가난과 부유함이 없고 장수하고 요절함의 차별이 없어 혜시, 지계, 다문이 본래 없다고 합니다. 그런데 장수천에 태어나는 것은 불교에서 말하는 8난八難 가운데 하나예요. 장수천에 태어나면 부처님 법을 만날 기회가 없기 때문이지요. 이곳에 태어나면 혜시를 할 기회도 없고 계율을 닦을 기회도 없고 다문할 기회도 없습니다.
　여러분, 어떤가요? 살기 어렵고 조금 부대끼더라도 은혜를 베풀 수 있고 계율을 지킬 수 있고 법문을 들을 수 있는 이곳이 가장 좋은 세계겠지요? 여러분들은 좀 지지고 볶고 힘든 부분이 있긴 하지만 그래도 복이 가장 많다고 생각을 하셔야 돼요.

"이 해탈분은 세 종류의 사람이 얻을 수 있으니, 이른바 성문, 연각, 보살입니다. 중생이 선지식을 만나면 성문의 해탈이 바뀌어 연각의 해탈을 얻고, 연각의 해탈이 바뀌어 보살의 해탈을 얻습니다. 보살이 얻은 해탈분법은 물러나거나 잃거나 무너지지 않습니다."

보살의 해탈분이 최고인 이유가 나왔네요. 성문승은 오온사제, 즉 색수상행식온과 고집멸도 사성제를 수행하는 사람들을 칭합니다. 그 다음에 무명 · 행 · 식 · 명색 · 육처 · 촉 · 수 · 애 · 취 · 유 · 생 · 노사 쭉 하는 것을 12연기라 하는데 이를 공부하는 분을 연각 또는 벽지불이라고 표현하는 거예요. 보살은 잘 기억하고 있겠지요? 바로 육바라밀을 실천하고 수행하는 것을 보살이라고 합니다.

보살의 분법이 최상이고 또 현실적으로 우리가 좋으면서도 물러남이 없는 거예요. 많은 사람들은 오온사제나 12연기를 공부해야 되는 줄 아는데 육바라밀을 실천하면 무상, 고, 무아는 저절로 터득이 되어버리는 거예요. 왜? 우리가 '내 꺼'라고 고집 부리는 것은 베풀다 보면 없어지게 되어있어요. 무상, 고, 무아는 내가 베푸는 마음을 갖고 자비심을 갖고 이렇게 되면 금방 소멸이 되어버리는 거예요. 그래서 이게 최고가 되는 거예요. 그래서 보살이 얻는 해탈분법은 물러나거나 잃거나 무너지지 않습니다. 그게 육바라밀로 닦은 공덕이 되는 거예요. 그죠? 해탈분법은 멀리 있는 게 아닙니다. 우리의 몸과 입과 뜻으로 얻을 수 있어요.

〈해탈품〉은 다음 시간에 다시 이어가도록 하겠습니다. 감사합니다.

제6강 | 해탈품(解脫品)-하

부처님 가르침 배우고 실천하는 출발점은 지극한 신심

지난 강설에서 해탈분의 의미와 이를 얻을 수 있는 방편에 대해 공부했지요? 육바라밀 수행은 재가자와 출가자가 다 할 수 있습니다. 대승불교는 자기 자신만을 구제하려는 가르침이 아니라 재가불자와 출가불자, 또 모든 사람들이 열반의 세계로 갈 수 있는 가르침이에요. 이 점 유념하고 〈해탈품〉 이어가겠습니다.

선생이 세존께 여쭈었다. "세존이시여. 설법하는 사람이 해탈분이 있는 사람들과 해탈분이 없는 사람들을 어떻게 구별 합니까?"

"선남자여, 이러한 법은 두 종류의 사람이 얻을 수 있으니, 재가자와 출가자입니다. 두 종류의 사람은 지극한 마음으로 법을 듣고, 듣고서는 받아 지니며 삼악도의 고통을 듣고서 두려운 마음에 몸의 털이 모두 일어나고 눈물을 흘리며 재齋와 계戒를 굳게 지켜 작은 죄일지라도 쉽게 어기지 않으니 이러한 사람은 해탈분 법을 얻습니다."

재가자와 출가자가 모두 해탈을 할 수가 있지만 조건이 있지요? 부처님께서는 법을 듣고 지니는 지극한 마음(지심)과 간절한 마음이 있어야 운명의 장애(번뇌장, 업장, 보장)로부터 벗어날 수 있다고 설하셨습니다. 아무리 좋은 부처님 법일지라도 한귀로 듣고 한귀로 흘리면 소용 없다는 말이에요.

종교에서 가장 중요한 심성 두 가지가 있는데 첫 번째가 지극한 신앙심입니다. 불교는 신앙이지 철학이 아니에요. 물론 철학적 기반이 가장 확실하고 튼튼한 종교이고 또 지구상에서 최고 좋은 철학이 담겨있기는 합니다. 허나 대승불교는 철학이 아니라 분명히 신앙입니다. 지극한 신앙심 없이는 원칙적으로 대승불교에 접근 자체가 안돼요. 〈대지도론〉에서도 "믿음이 있어야 불법의 바다에 들어갈 수 있고, 고해의 바다는 지혜로 건너간다"고 했습니다. 지극한 신앙심이 부처님의 가르침을 접하는 기본인 셈입니다.

두 번째는 도덕성입니다. 도덕성은 곧 여러분들이 지난 시간에 배운 혜시와 계율, 다문이라고 보면 됩니다.

그중에서도 계율은 굉장히 중요합니다. 계율을 철저하게 지키는 운동이 확산된다면 한국 불교의 미래는 걱정할 필요도 없어요. 계율을 지키는 노력이 없다는 것이 문제지요. 오계를 다 지키려고 하니까 어려운 거예요. 〈대지도론〉에는 다섯 가지 모두 반드시 지키라고 하지 않습니다. 한 가지만 지켜도 되며 한 가지부터 늘려나가라고 설하고 있지요. 한 가지 지키는 것을 조금 지킨다고 하고, 두 가지 내지 네 가지 지키는 것을 약간 지킨다고 하고, 다섯 가지 지키는 것은 원만하게 지킨다고 표현합니다. 여러분들이 한 가지라도 확실하게 지킨다면 일상에서도 신뢰를 얻을 수 있습니다. "그 사람은 어떤 경우에도 이것만은 지키지"하고 신뢰받는 거예요.

우리가 불교 교리를 공부하고 경전을 읽는 이유가 뭘까요? 현실에서 실천하며 나의 삶을 좋은 쪽으로 변화시키려고 하는 거지요. 실천 없이 교리만 달달 외우면 뭐하나요? 지도 펼쳐놓고 경치를 논하는 것과 다를 바 없어요. 내가 직접 가서 보고 느껴야 경험이고 자산이 되잖아요?

불자들이 간혹 "내가 기도를 많이 했는데 부처님이 안 들어주신다"고 합니다. "당신이 부처님을 위해서 뭘 했나요?"하면 "이렇게 정성으로 기도합니다"라고 합니다. 어때요? 부처님께 기도하는 것이 부처님을 위한 기도인가요? 아니면 모든 것이 심즉시불心卽是佛이니 공양이고 뭐고 필요 없고 마음으로 하면 다 된다고 생각하시나요? 이는 부처님 전에 한번 엎드렸다고 "내 일 해결해 달라"고 고집 피우는 것과 다를 바 없어요. 부처님께 무한히 의지하고 책임을 지우면서 자기는 아무 것도 안하고 부처님만 의지하면 되겠어요? 실천행이 뒤따르지 않는다면 공허한 매달림에 불과해요. 평소 계율을 지키고자 노력하고 부처님 전에 향공양이라도 올리거나 방생이든, 조상천도든, 불공이든 한 두 가지를 정해 실천해야 합니다. 아무런 실천 없이 기도만 하면서 심즉시불이라고 하니 답답하고 안타까울 수 밖에요.

"선남자여. 외도들이 수명이 무량겁인 비상비비상非想非非想의 정을 얻었더라도 해탈분법을 얻지 못한다면, 이 사람은 지옥에 떨어질 사람으로 보아야 할 것입니다. 또 어떤 사람이 아비지옥에서 큰 고뇌를 받으면서 무량겁을 지내더라도 이러한 해탈분법을 얻는다면 이 사람은 열반할 사람으로 보아야 할 것입니다. 선남자여, 그러므로 나는 웃다까라마뿟따(울두람불)에게는 가엾은 마음을 내지만 데바닷타에게는 불쌍한 생각을 내지 않습니다."

이 구절은 〈해탈품〉에서 굉장히 중요한 대목입니다. 찬찬히 살펴봅시다. 웃다까라마뿟따는 부처님 당시 인도에서 부처님 외에 최고의 선정가였어요. 부처님께서는 이 분을 통해 '비상비비상처천非想非非想處天'을 배웠지만 궁극의 경지가 아님을 알고 나옵니다. 웃다까라마뿟다는 깨달음에 도달하기만 하면 새가 와서 방해를 해 결국 해탈을 이루지 못했다고 해요. 그래서 '다음 생에는 모든 새를 다 잡아 죽이겠다'고 원을 세워 정말 새 잡는 짐승으로 태어났다고 합니다. 어때요? 똑같이 고행을 하더라도 결과가 다르지요?

웃다까라마뿟따는 '비상비비상처천'을 이루어 무색계정을 다 얻었다 하더라도 해탈분법을 얻지 못했기 때문에 석가모니 부처님께서는 성불하시고 제일 먼저 그 분들을 구제하려고 마음먹었습니다. 반면 데바닷다는 살아생전 지옥에 빠져 있어도 부처님의 인연으로 해탈분법을 받고 열반인이 될 수 있었습니다.

우리 불자들도 지금 비록 현실적으로 괴롭고 힘들고 어렵다 하더라도 능히 헤쳐 나간다면 열반의 언덕에 도달할 수 있는 거예요. 무간지옥, 아비지옥에 있다 하더라도 해탈분법을 아는 불자라면 이것이 곧 희망이고 열반인이 될 수 있습니다. 외도와 불교의 다른 점이 바로 여기에 있어요. 공자님 말씀 중에 '세한연후지 송백지후조'라는 말이 있습니다. 평소에는 모르지만 눈이 오고 날씨가 추워지면 소나무와 잣나무의 푸르름이 보인다는 뜻이지요. 푸를 때는 모든 나무가 똑같았지만 후에 보니 아니더라는 거죠. 이게 바로 해탈분법을 놓고 본 외도와 불자의 차이입니다.

"어떤 사람은 우바새계를 부지런히 구하여, 셀 수 없이 많은 세상에서 들은 대로 행하여도 계를 얻지 못하고, 출가한 어떤 사람은 비구계와 비구니계를 구하여 셀 수 없이 많은 세상에서 들은 대로 행하여도 역시 얻지 못합니다. 왜냐하면 해탈분법을 얻지 못했기 때문이고 계를 닦는다고는 할 수 있지만 계를 지킨다고는 할 수 없습니다."

어때요? 계를 받기만 하고 지녀서 지키지 않으면 소용 없다고 이미 부처님이 말씀하셨네요. 수계만 받고 지키지 않으면 의미가 없다는 거예요. 지키려고 노력하는 것이 핵심이겠네요. 이를 지계라고 합니다. 계를 오랫동안 지키는 것을 계를 통해 힘을 얻는다는 뜻의 득계라고 한다는 점도 기억해야 할 대목입니다. 다음을 봅시다.

"선남자여. 해탈분법을 얻은 보살이라면 욕계, 색계나 무색계에 태어남을 구하는 업을 끝까지 짓지 않고 언제나 중생에게 유익한 곳에 태어나기를 원합니다. 자신이 하늘에 날 업이 있음을 확실히 안다면 이 업을 돌려 사람들 중에 나기를 구합니다."

내 앞가림을 하고 내 옆 사람도 불자로 만들어 성공시켜 주고 그 다음 가장 높은 단계에 가서는 이제는 중생들을 이롭게 하는 곳에 태어난다는 말이지요. 이는 거꾸로 '내가 태어난 곳에서 늘 중생들에게 이롭게 하겠습니다'가 됩니다. 내가 금생에 복을 많이 지어 천상계에 태어날지라도 '다시 중생계로 오겠다'고 원을 세우면, 여러분들의 현실적인 문제는 장애가 될 수 없어요. 이 같은 원력으로 의식 수준이 보살에 도달한 순간, 보살의 세계가 눈앞에서 이뤄지니까요.

"선남자여, 성문으로서 해탈분법을 얻으면 몸을 세 번 받음도 지나지 않아 구해탈(지혜로써 무지를 소멸시키고, 선정으로 탐욕을 소멸시켜 모든 번뇌의 속박에서 벗어남. 또는 그러한 경지에 이른 아라한)을 얻고 벽지불도 역시 이와 같을 것입니다. 보살 마하살이 해탈분을 얻으면 비록 셀 수 없이 많은 몸으로 태어나더라도 언제나 퇴전하지 않으며 퇴전하지 않는 마음은 어떠한 성문이나 연각보다 뛰어날 것입니다. 선남자여, 이와 같은 해탈분법을 얻으면 비록 베푸는 것이 적어도 한량없는 과보를 얻으니 계행이 적고 들은 것이 적어도 역시 마찬가지입니다. 이 사람은 설령 삼악도에 떨어질지라도 삼악도 중생과 같은 괴로움을 받지는 않을 것입니다. 보살이 이와 같은 해탈분법을 얻으면 '조유지'라고 합니다."

불교는 51학년의 공부 과정이라고 얘기한 적이 있지요? 곧 보살 수행의 계위를 일컫는 말입니다. 총 51학년의 공부 중에서, 1학년부터 10학년까지의 공부는 십신위, 즉 믿음을 공부하는 단계, 11학년부터 20학년까지는 십주라 하며 지식을 습득하는 단계, 21학년부터 30학년까지는 십행, 즉 실천해보는 단계, 31학년부터 40학년까지는 십회향으로 회향하는 과정입니다. 이 11학년부터 40학년까지의 십주, 십행, 십회향의 단계가 바로 조유지로서 환희지(기쁨의 세계)라고도 합니다.

조유지라고 하는 이유는 모든 번뇌가 점점 작아지고 약해지기 때문입니다. 그러나 이때도 번뇌는 존재합니다. 탐내고 성내고 어리석고 교만하고 의심 많은 마음이 금방 없어지는 것이 아니니까요. 여러분들도 조급히 생각하거나 실망하지 말고 차근차근 실천해 나가면 됩니다.

"선남자여, 이러한 보살의 씨앗을 늘리는 데는 또 다섯 가지가 있습니다. 첫째는 제 몸을 가벼이 여겨 '나는 아누다라삼먁삼보리를 얻을 수 없다'는 생각과 말을 하지 않는 것이고, 둘째는 자신의 몸으로 괴로움을 받아도 싫어하거나 후회하는 마음을 내지 않는 것이며, 셋째는 쉬거나 멈추지 않고 부지런히 정진하는 것이고, 넷째는 한량없는 괴로움과 번뇌에서 중생을 구제하는 것이며, 다섯째는 언제나 삼보의 미묘한 공덕을 찬탄하는 것입니다."

보살의 씨앗을 만드는 첫 번째는 바로 자기 자신을 함부로 무시하지 말라는 거예요. 부처님 입장에서 보면 우리 모두가 '아누다라삼먁삼보리 무상정등정각을 다 얻을 수 있는 소중한 존재'입니다. 우리 스스로가 그렇게 대단한 존재임을 기억해야 합니다. 두 번째는 참 쉽지 않아요. 누구나 괴로움을 싫어하잖아요? 그런데 우리가 보살행을 하려면 때론 괴로움이 당면한 순간에도 마음을 잘 다스려야 합니다.

제가 아는 어떤 분이 몸은 불구였으나 항상 남 좋은 일만 하고 다녔어요. 새벽마다 물 길어오고, 소 밥 끓여주고, 마당 쓸고, 남들이 하기 싫어하는 일을 도맡아 했습니다. 그러니 그분이 오면 다 좋아하는 거예요. 몸의 불편함을 괴로움으로 받지 않고 타인을 위해 회향한 공덕은 하해와 같습니다. 범부중생은 화내는 것으로 재물을 삼고, 수행자는 정진하는 것으로, 보살은 베푸는 것을 재물로 삼습니다. 쉬거나 멈추지 않고 부지런히 실천하세요.

또 삼보의 미묘한 공덕을 찬탄하는 것은 불자로서 굉장히 중요한 거예요. 우리는 불자이니 부처님을 늘 찬탄하셔야 돼요. 지극한 신앙이야말로 대승불교의 요체이며 그것을 통해서 우리가 구원을 받기 때문이지요. 불교는 신앙이자 구원의 종교예요. 깨달음이라고 하는 것도 결국은 구원을 향해서 가기에 언제나 삼보의 미묘한 공덕을 찬탄하는 것입니다.

"지혜로운 사람이 보리를 닦을 때는 언제나 이 다섯 가지를 닦습니다. 보리의 씨앗을 키워 왕성하게 함에는 또 여섯 가지가 있으니, 이른바 보시바라밀부터 반야바라밀까지(육바라밀)입니다.

이 여섯 가지는 하나로 인하여 늘어나게 되니 바로 방일하지 않음입니다. 게으르지 않은 것, 보살이 방일하면 이러한 여섯 가지를 늘리거나 키울 수 없고 방일하지 않는다면 늘리고 키울 수 있습니다. 선남자여, 보살이 보리를 구할 때 네 가지가 또 있습니다. 첫째는 좋은 벗과 친하여 가까운 것이고, 둘째는 무너지지 않는 굳센 마음이며, 셋째는 행하기 어렵지만 행하는 것이고, 넷째는 중생을 불쌍히 여기는 것입니다."

참으로 구체적이고 자세한 가르침이지요? 여러분들도 이를 닦기 위해 노력해 보세요. 처음에는 잘 안되지만 하나 하나씩 조금 조금씩 하다 보면 '자고 일어나 보니까 유명인사가 되어있더라' 같은 느낌으로 어느새 내게 변화가 일어나 있을 겁니다.

"선남자여, 어떤 보살이 위없는 보리심을 처음 낼 때에는 곧 무상복전無上福田이란 이름을 얻으니 이 보살은 모든 세상의 어떤 일보다, 어떤 중생들보다 뛰어납니다."

무상복전은 위없는 복의 밭이라는 의미입니다. 여러분들은 보리심의 마음을 냈으니까 위없는 복의 밭이 된 거예요. 복의 밭이 되었으니까 자격을 갖도록 최선을 다하고 노력해야 될 것입니다. 아시겠지요?

"선남자여, 보살에는 두 가지가 있으니. 첫째는 재가보살이고, 둘째는 출가보살입니다. 출가보살이 해탈분법을 얻는 것이 어렵지 않으나, 재가자는 얻기 어렵습니다. 왜냐하면, 재가자는 나쁜 인연에 많이 얽혀 있기 때문입니다."

재가불자들은 안 된다는 얘기는 아니에요. 오히려 재가불자들의 노력이 그만큼 더 값지다는 의미로 말씀하신 거예요. 왜? 훨씬 많은 장애를 헤치고 오는 거니까요. 그래서 여러분들이 할 수 있다는 거예요. 금생에 우리가 너무 서두르지 말고 차분하게 가다보면 다 이루어지는 거예요. '조급한 마음 내지 말고 방일하지 아니하면, 퇴전하지 아니하면 된다' 이렇게 꼭 말씀을 해주셨잖아요. 그러니까 차분하게 한 단계 한 단계 들어가면서 이루면 됩니다. '세한연후 송백지후주'라고 했지요? 여러분들이 지금은 다른 사람들과 차이가 안 날지 몰라도, 한 사람과 하지 않은 사람의 차이는 근본적으로 차이가 생기는 것이죠.

여러분, 그동안 『우바새계경』을 공부하면서, 보살불교의 핵심이 실천임을 잘 알게 됐으리라 생각합니다. 많이 읽는 것도 중요하지만, 이에 따른 실천행이 있어야 하는 거예요. 할 수 있는 부분들을 지속하다 보면 어느샌가 변화가 뒤따를 것입니다. 4품 〈해탈품〉까지 공부를 했는데, 앞으로도 이 내용이 거의 반복되면서 조금씩 어렵고 세세하게 진행이 될 거예요. 그리고 여러분들은 이 『우바새계경』 강설이 끝날 때쯤이면 정말로 진시보살, 희유보살, 희유불자가 되어 있을 것이라 믿습니다.

제7강 | 삼종보리품-상

사성제, 지금 앉은 자리서 가장 행복해지기 위한 실천 방안

오늘은 『우바새계경』 제5품 〈삼종보리품〉을 공부하겠습니다.

선생이 세존께 여쭈었다. "세존이시여, 부처님께서 말씀하신 바와 같이 보살은 두 가지가 있으니, 첫째는 재가보살이고, 둘째는 출가보살입니다. 보리에는 세 가지가 있으니, 첫째는 성문보리이고, 둘째는 연각보리며, 셋째는 제불보리입니다. 보리를 얻으면 부처라고 하는데 어찌하여 성문과 벽지불들은 부처라고 하지 않습니까? 법성을 깨닫는 것을 부처라고 한다면, 성문, 연각도 법성을 깨달았는데 어찌하여 부처라고 하지 않습니까? 일체지를 부처라고 한다면, 성문, 연각도 역시 일체지인데, 또 어찌하여 부처라고 하지 않습니까? 제가 말하는 일체는 곧 사제를 말하는 것입니다"

여러분, 경전을 읽다 보면 부처님을 중심으로 '성문, 연각, 보살, 불'이라는 네 종류의 대중이 나오지요? 성문승은 사성제(고집멸도)와 오온(색·수·상·행·식)을 공부하는 분들이고, 연각승은 12연기를 공부하는 분입니다. 부처님은 일체지一切智를 얻으신 분이죠. 일체지란 모든 것을 다 안다는 뜻입니다. 여러분이 안심정사에서 기도를 할 때 소원표를 쓰라고 하지요? 부처님은 일체지로서, 여러분들이 무엇을 원하나 원하지 않나 다 아시는 분인데 왜 소원을 적도록 할까요? 이는 부처님을 향한 것이 아니라 여러분을 향한 것이기 때문이에요. '심상사성心想事成', 여러분의 마음을 구체적으로 표출시키기 위한 방안이죠.

어느 불자가 굉장히 재미있는 얘기를 했어요. 구체적으로 소원표에 열 가지 소원을 적어보니, 지금까지 자신이 진정 원한 것이 무엇이었는지 몰랐다는 거예요. 그냥 막연하게 잘됐으면 좋겠다는 생각만 있었다는 거죠. 그런데 이것을 펜으로 적어보니 완벽한 인생의 목표들이 형성되더라는 거예요. 이겁니다. 소원표를 작성하는 이유는 막연한 마음을 구체화하기 위함이지, 부처님이 못 알아들으실까 우려 때문이 아니라는 것,

아시겠지요?

"선남자여, 보리에는 세 가지가 있으니 첫째는 듣는 것을 따라 얻는 것이고, 둘째는 사유를 따라 얻는 것이며, 셋째는 닦는 것에 따라서 얻는 것입니다. 성문인은 듣는 것에 따라 얻으므로 부처라 하지 않고, 벽지불인은 사유함을 따라 조금 깨달음으로 벽지불이라 하는 것이며, 여래는 닦는 것에 따라 일체를 깨닫기 때문에 부처라고 합니다."

보리는 깨달음의 마음을 내는 거라고 했어요. 재가불자들이 깨달음을 내는 원인은 뭘까요? 〈집회품〉부터 강조했던 내용이지요? 첫 번째가 수명과 재물을 늘리는 것, 그리고 보리 종성이 끊어지지 않도록 중생을 구제하기 위한 최고 단계로 심화시켜가는 것입니다.

여기서 일체지는 곧 사성제(고집멸도)를 말함이라 하셨네요. 사성제는 괴로움인 고苦, 괴로움의 원인 집集, 괴로움이 전부 소멸된 열반의 세계[滅道]이자, 이러한 열반의 세계로 접근하는 방법입니다. 흔히 불교를 괴로움의 종교, 염세적인 종교로 표현하는 경우가 많죠. 이는 사성제에 나타난 괴로움의 진리와 괴로움이 일어나는 원인의 진리까지만 알기 때문에 그렇습니다. 중요한 것은 '멸성제'입니다. 괴로움이 사라진 열반의 세계가 있다는 것과 열반에 들어가는 방법을 알아야 한다는 것이죠. 불교는 궁극적으로 열반의 세계에 들어가려는 종교인데, 괴로움의 진리만 알고 '인생은 괴롭다'에서 멈춰버리면 안됩니다.

고집멸도苦集滅道는 멀리 있는 것이 아니에요. 지금 앉은 이 자리에서 여러분들이 가장 행복해질 수 있는 방법을 고민하면 됩니다. 어떻게 하면 지금 내가 있는 고통스런 자리를 천상락으로 만들고 극락으로 만들 수 있는지 고민해야 돼요. 아무리 사성제를 공부해도 우리 인생이 해결되지는 않아요. 이를 바탕으로 각자가 처해있는 환경을 최대한 개선해 나가고 멋지게 살기 위해 노력하는 것이 중요합니다.

부처님은 또 보리에 세 가지가 있다고 하셨네요. 이걸 한자로 바꾸면, 들을 문聞, 생각할 사思, 닦을 수修, 즉 문사수입니다. 보리는 우리가 듣고 생각하고 닦음으로써 얻는 것입니다. 이러한 노력으로 여러분은 보살지로 넘어갈 수 있습니다. 성문승은 듣는 것으로 수행을 삼고, 연각승은 혼자 골똘히 생각하는 것으로 수행을 삼고, 부처님은 닦는 것 곧 변화시키는 것으로 지혜를 얻습니다. 다시 말하면 '듣고 생각하고 닦아 현실을 변화시키는 것'이 핵심입니다. 실천이 중요해요. 내 인생이 어떻게 하면 더 행복해질까. 행복해지기 위한 고민을 현실에서 구체적으로 표현하는 것을 시작으로 이를 실현시켜 나가고자 노력해야 합니다.

"선남자여, 법성(법의 성품)을 완전히 알기 때문에 부처라고 하는데, 법성에는 두 가지가 있으니, 첫째는 전체상이고, 둘째는 개별상입니다. 성문은 전체상만 알기 때문에 부처라고 하지 않으며 벽지불도 역시 전체상을 알지만 듣는 것을 따르지 않으므로 벽지불이라고 하고 부처라고 하지 않습니다. 여래 세존은 전체상과 개별상 등 일체를 깨달음에 있어 들음과 사유를 의지하지 않고 스승 없이 홀로 닦음을 따라 깨달아 얻었으므로 부처라고 합니다."

『화엄경』에는 총상, 별상이라고 표현합니다. 전체적인 덩어리를 아는 방법이 있고 세부적인 하나하나를 다 아는 방법이 있다는 것입니다. 성문과 연각도 마음의 작용을 전부 다 아시긴 하지만 전체적으로 아신 것이고, 보살은 하나하나 개별적으로 아신 거예요. 〈관세음보살보문품〉에 범부중생들의 감정 하나하나에 맞게 소원을 들어주시는 것을 "개별상을 알았다"고 합니다. 부처님은 마음이 부처임을 알고, 마음이 광대무변하다는 걸 알고, 그 마음을 개별적으로 알아 전체상과 개별상 모두를 아시기에 '일체종지'라 하는 거예요. 이를 전문적으로 표현하면 '일체지'와 '도종지'입니다. 도종지는 도의 가지가지 지혜를 다 갖고 있다고 하여 우리가 바라는 소원대로 다 들어준다는 거예요. 좋은 신랑, 좋은 아내, 좋은 자녀, 돈 등 필요한 것을 다 소원성취시켜

주는 것이 도종지입니다. 우리 표현으로는 '보살과 부처님의 위신력'이기도 하지요.

　우리가 전체상이 되었든 개별상이 되었든 가장 중요한 것은 여러분들이 이 지혜를 통해 현실적으로 얼마나 행복하게 사는지에 있습니다. 사실 운명은 정해져 있어요. 하지만 바꿀 수 있습니다. 많은 분들이 "정말 스님 말씀대로 '지장경 기도'를 하면 이 운명을 바꿀 수 있을까요"하고 물어봅니다. 그런데 이미 굉장히 많은 분들이 운명을 바꿔 나가고 있습니다. 물론 안 되는 경우도 있긴 한데, "안 되기만 해봐라"하는 마음으로 기도를 하면서 의심하고 시비를 거는 경우입니다. 기도는 다급해야 할 필요가 있어요. 다급하면 이것저것 생각 못하고 죽어라고 기도하잖아요? 죽어라고 기도하다보면 '의심병'이라고 일컬어지는 중근기병을 잘 넘길 수 있어요.

　기도로 운명을 바꾸기 위해서는 모든 것이 의심되고 시비가 걸릴 때를 잘 넘겨야 합니다. 이때 가장 중요한 것이 본인의 마음이에요. 이미 수많은 사람들이 기도로 운명을 바꿨음에도, 본인만 안된다고 지레짐작하고는 "안되기만 해봐라"하면서 노래부르고 있잖아요? 스스로 "안된다"고 다짐하는데 될 것도 안 될 수밖에요. 이미 기도를 하면서 부처님께 맡겼잖아요. 일단 맡겼으면 죽이 되던 밥이 되던 여러분들이 상관할 필요가 없고 그냥 열심히 기도만 하면 돼요.

얼마 전에 "제가 기도하고 진짜 살판나서 뭐든 정말로 된다"며 감사인사차 찾아온 분이 있었어요. 그런데 고민 하나를 말씀하시더라고요. 시부모님들이 "지금 사는 집이 너무 넓고 어짜피 너희들 몫이기도 하니 들어와서 살아라"고 하셨대요. 같이 사는 것은 좋은데 시어머님이 교회 권사시래요. 종교로 고민을 하는 거죠. 제가 "아주 좋은 기회고 복이 열렸다"고 그랬어요. 어떡하면 돼요? 시어머니 모시고 절에 오면 되죠, 안그래요? 지레 겁먹을 필요도 없어요. "기도 열심히 해서 어머님 빨리 모시고 부처님께 귀의시키면 되겠다"고 그랬더니 웃음꽃이 피어요. 기도로 이룰 수 있는 목표가 또 하나 생겼잖아요, 그렇죠?(웃음)

여러분, 자녀들이 밥 달라고 할때 어디 오물 퍼다 줍니까? 상한 밥을 줍니까? 그렇지 않잖아요. 부처님은 중생 구제 못하셔서 병 나셨다가 삼아승지겁만에 성불하신 분으로, "내 이름만 불러라, 전부 다 주겠다"고 하셨어요, 그런데 왜 여러분들 소원을 안 들어주신다고 생각하세요? 가장 좋은 시점에 가장 좋은 것을 주시는 것은 당연지사이니 그냥 믿고 기도하면 됩니다. '믿음'이라는 것은 결과에 대해 연연하지 않고 '진인사대천명盡人事待天命'하는 거예요. 인간으로 할 수 있는 것들을 다 하고서 천명을 기다리면 부처님께서 이루어 주시는 건 시간문제예요. 여기서 우리에게 필요한 것은 지혜, 다르게 표현하면 '성실성'입니다.

성실의 '성'은 정성심이에요. 정성심 없이 건성으로 왔다갔다하는 '겉보리 신자'는 깨달음의 씨앗을 잘못 가진 거예요. 겉보기엔 불자이지만 마음엔 믿음이 없으니까요. 성실의 '실'은 진실성이에요. 진실로. 정말로 바라고 원하는 것인지 잘 살펴야 합니다.

정성심과 진실성 이 두 가지는 스스로 점검해야 돼요. 내가 진실로 바라고 정성을 다한다면 이루어진다는 것은 의심할 필요가 없어요. 이미 많은 분들이 증명했으니까요. 부처님은 어느 방법으로든 반드시 해주시니까, 그런 건 걱정하지 말고 믿음을 갖고 지혜롭게 기도하세요. 다음을 보겠습니다.

> "여래 세존은 연기의 지혜를 갖추고 있지만 성문이나 연각은 비록 사제는 알되 연기의 지혜는 갖추지 못하였기 때문에 부처라고 하지 않고, 여래세존은 연기의 지혜를 갖추고 있기 때문에 부처라고 합니다."

부처님은 연기의 지혜만이 아니라 모든 지혜를 다 갖추고 있습니다. 이 지혜로 인해 불보살님들은 정성심과 진실성 두 가지를 보고 소원을 이루어주시지요. 운이 없는 분들의 공통점은 안절부절, 안달복달, '안되면 어쩌나, 잘 돼야 하는데'하는 근심걱정으로 가득하다는 거예요. 이 근심걱정을 마음속에서 몰아내야 합니다. '정말 잘돼'가 방법이 될 수 있어요. 걱정 말고 기도하라는 거죠. 믿고 간절히 기도하면 다 이루어지니까요.

우리 불자들은 기도하면서도 걱정하고 의심하곤 합니다. 마음 속 목표를 구체적으로 명확히 본 다음, 부처님께서 이뤄주실 것을 믿고 정성스럽고 진실되게 기도한다면 못 이룰 것이 없어요. 걱정 말고 기도하세요. 불행 끝, 행복이 시작될 거예요.

제8강 | 삼종보리품-하

삼귀의야말로 가장 중요하고 위대한 덕목이자 가르침

〈삼종보리품〉을 계속 이어가겠습니다.

"선남자여, 토끼와 말과 향기를 내는 큰 코끼리 등 세 짐승이 저 갠지스 강을 건너는데, 토끼는 강바닥에 닿지 않아 물에 떠서 건너가고, 말은 강바닥에 닿기도 하고 닿지 않기도 하며, 코끼리는 강바닥을 밟고 건넙니다. 갠지스 강이란 곧 십이인연의 강입니다. 성문이 건널 때는 마치 저 토끼와 같고, 연각이 건널 때는 저 말과 같으며, 여래가 건널 때는 향기를 내는 큰 코끼리와 같으므로 여래를 부처라고 합니다. 성문이나 연각은 비록 번뇌는 끊었으나 습기(과거로 인한 종자, 습관)는 끊지 못하였습니다.

그러나 여래는 모든 번뇌와 습기의 뿌리까지 뽑아 없앴으므로 부처라고 합니다.(…)선남자여, 예를 들어 청정한 물건을 청정한 그릇에 두면 겉과 속이 모두 깨끗합니다. 성문이나 연각은 지혜는 비록 청정하나 그릇이 청정하지 않지만, 여래는 지혜와 그릇이 모두 청정하므로 부처라 합니다."

불교에서는 성문과 연각을 일반적으로 소승외도라고 표현하는 경우들이 많아요. 자기만 깨달으려고 한다는 인식 때문이지요. 그러나 반드시 그렇지만은 않습니다. 남방불교를 소승불교라고 하지만 남방불교가 소승불교는 아닌 것처럼 말이죠.

태국 스님들은 국민을 대상으로 기본교육을 거의 다 가르쳐요. 과거 방콕시장이었던 잠롱 스리무앙이라는 분은 시골에서 태어났지만 방콕의 절에서 컸고, 마찬가지로 절에서 자라 총리가 되신 분도 있었답니다. 그래서 아이를 절에 보내는 방식이 교육의 일환으로 주목받게 되어, 한때는 절에 수용하기 힘들 정도로 시골 어린이들이 많이 올라왔다고 합니다. 실제 1900년대 태국에 갔더니 초등학교가 절에 있더라고요. 절에서 국민교육을 전부 담당하는 거죠. 혼자 수행하고 공부만 하겠다고 하는 것이 소승인데, 그런 관점에서 보면 국민교육을 담당하는 태국 스님들을 소승이라고만 할 수는 없지 않겠어요?

당시 태국 사찰에서 참 재미있는 광경도 봤습니다. 법당에서 예불을 드리고 있는데 고기 굽는 냄새가 진동을 하는 거예요. 무슨 일인가 했더니 대웅전 앞에서 고기를 꼬치로 구워 팔고 있는 거죠. 더 흥미로운 것은 꼬치를 구워 파는 장소가 또 화장장 앞이더라구요. 대웅전 바로 앞에 있는 전기 화로가 화장장에 불이 들어가는 곳이래요. 사람들이 그 앞에서 꼬치를 구워서 먹기도 하고 팔기도 하는 것이죠. '아, 여기는 진짜 생사가 둘이 아니구나'하는 생각이 절로 들었습니다. 우리나라는 화장장이 혐오시설이라, 지으려고 해도 주민들의 반대에 먼저 부딪치잖아요. 반면 태국은 불교의 가르침이 사람들의 삶 속에 이처럼 깊이 스며있었습니다. 부처님 말씀대로 생과 사가 둘이 아닌 지혜가 일상에 반영되어 있는 것이죠. 같은 맥락에서 소승외도는 나를 위해 도를 닦는 것이냐 이웃들을 위해서 하는 것인지의 차이일 뿐, 남방불교가 소승이고 북방불교는 대승이라는 절대적 구분 방식은 아니라는 거죠. 나와 남을 함께 위할 수 있는지 못하는지의 차이일 뿐입니다.

다음을 봅시다.

"선남자여, 여래의 말씀에는 두 말씀이 없고, 그릇됨이 없으며, 허망함이 없습니다. 지혜에 걸림이 없고 설법하기를 좋아함도 역시 마찬가지입니다. 인(원인)에 대한 지혜와 때에 대한 지혜와 상(현상)에 대한 지혜를 갖추어, 덮어 감춤이 없고, 수호하는 것도 필요치 않으며, 말씀에 허물이 없습니다. 모든 중생의 번뇌가 일어나고 끝나는 인연과 끝을 없애는 인연을 모두 알고 있습니다. 세간의 팔법(이익·손해·칭찬·비난·훼방·명예·괴로움·즐거움)으로 더럽혀지지 않으며, 큰 연민의 마음으로 괴로움과 번뇌를 뿌리 뽑아 구제하고, 십력, 사무소외四無所畏와 대비의 삼념을 갖추어 몸과 마음의 두 힘을 모두 갖추었습니다."

부처님은 삼념, 즉 십력과 사무소외, 대비를 갖추셨다고 하네요. 우리와 똑같이 인간의 몸을 가지고 있지만 똑같은 중생이 아니라는 사실입니다. 그렇죠? 그렇기에 범천이 권청을 하고 천상계의 모든 신들이 다 불보살님을 찬탄하는 거예요.

대만의 성운 대사께서 정말 멋진 말을 하셨습니다.
"나이를 한 살 더 먹을수록 하루를 더 살수록 삼보에 귀의함이 더 강해진다."

어때요? 참 훌륭하지 않습니까? 우리는 귀의불, 귀의법, 귀의승을 말로는 하는데 진실로 부처님께 의지를 하는지 살펴보면 그렇지 않은 듯 합니다. 거기다 나이를 좀 먹으면 본인이 깨달아 부처가 됐다고 착각하는 분들도 있어요. 성운 대사의 말씀을 잘 새겨야 하는 이유입니다. 하루하루 지나갈수록 부처님께 더 의지하고 부처님 말씀에 의지하고 승가에 의지하는 마음이 더 커진다고 하니 얼마나 아름다운 말씀입니까. 이것은 곧 우리가 공덕과 복덕을 구비하는 길이기도 합니다.

이쯤에서 『우바새계경』 제22품을 미리 살펴보도록 합시다.

> 선생이 세존께 여쭈었다. "세존이시여, 어떤 사람이 삼귀의를 얻고, 어떤 사람이 삼귀의를 얻지 못하나이까."

불자들은 삼귀의를 얻었는지 못 얻었는지가 대단히 중요합니다. 앞에서 공부하길 오랜 겁 동안에 부처님 말씀을 다 공부하고 선정을 닦고 지혜를 닦고 계율을 닦아도 안 되는 경우가 있는 반면, 보리 가루 한줌을 베풀고 짧은 시간 부처님 말씀을 공부해도 얼마든지 성불할 수 있다고 배웠지요? 생사의 괴로움을 얼마나 깊이 인식하고 있는지에 따른 차이라는 것이죠.

얼마 전에 한 불자님이 찾아와 "스님 고맙습니다. 아들을 살려줘 고맙습니다"라고 해요. 이분은 부산 방생법회 때마다 한 번도 빼먹지 않았대요. 여섯 시간 걸리는 다른 지방에서 와서 방생하고 밤차 타고 또 올라가시는 거예요. 어느 날 아들이 교통사고가 났대요. 차는 완전히 폐차시켜야 할 수준에 머리가 깨지고 찢어지고 뼈가 다 드러날 정도로 심각했대요. 그런데 정작 어디서 어떻게 사고가 났는지도 모르는 상태로 집에 와 누워있었다는 거예요. 베개와 요, 이불이 피로 흠뻑 다 젖은 상태에서 발견이 된 거죠. 그런데 안 죽고 살아났습니다. 방생 공덕이 허송하지 않았기에 제게 감사 인사를 하신거죠. 요즘에는 안심정사에 워낙 많은 분들이 오시니까 제가 기억을 다 하기가 어려워요. 그래서 일단 '전부 강제로라도 기도를 시켜야겠다'고 마음 먹었지요. 그렇게 해서 그 불자들이 작은 어려움 하나만 잘 넘어가도 좋겠다는 생각입니다.

때문에 저도 기도를 소홀할 수가 없어요. 소홀히 하면 안 되죠. 제가 매일 만나는 분들, 그 안타까운 마음들이 있기 때문입니다. '아! 내가 이분들 위해 기도했다면 피할 수 있었는데'하는 마음도 들고요. 얼마나 안타까워요, 그렇죠? 생사의 괴로움, 생사의 위험을 너무나 절절하게 느끼게 되는 거예요. 인생이 즐겁고 기쁘고 좋은 일만 있으면 그보다 더 좋은 게 없잖아요? 그러나 이런 것은 극히 드물고, 외려 흉한 일은 많고 길한 일은 적은 것이 우리 인생이니 고해바다와 다름없지요. 인생이 운명을 한 치도 못 비켜 가는데, 다만 부처님의 위대한 법력으로 기도만 하면 다 넘어가는 거예요. 얼마나 멋져요, 그렇죠? 정작 불자들이 이걸 모르니 안타깝고 안타까운 일입니다.

삼귀의는 불자들에게 가장 중요하고 위대한 거예요. 그러니 여러분은 늘 삼귀의를 부르세요. 저도 괴롭고 힘들 때는 '귀의불, 부처님께 귀의합니다. 부처님 말씀에 귀의합니다. 승가에 귀의합니다' 하거든요. '귀의불 나무 붓다야. 나무 달마야, 나무 승가야' 이것보다 더 좋은 주문은 없어요. 더 좋은 진언도 없습니다. 삼귀의를 하다보면 시간이 지날수록 그 마음이 더 강해져요. 전에는 건성으로 믿었던 것이 진실로 믿어지고, 어렵고 고통 받는 모습들을 보면서 부처님께 더 귀의하게 되지요.

> "마음이 지극한 사람은 믿음이 무너질 수 없고, 삼보께 친근하고 좋은 벗의 가르침을 받으면 이와 같은 사람은 곧 삼귀의를 얻습니다."

여러분들은 늘 부처님께 의지하는 불자가 되어야 합니다. '심즉시불' 내 마음이 곧 부처라고 해서 귀의를 무시하는 것은 아주 잘못된 인식입니다. 마음이 지극한 사람은 믿음이 무너질 수 없고, 삼보님께 친근하고, 좋은 벗의 가르침을 받으면 이와 같은 사람은 곧 삼귀의를 얻습니다.

어느 분 아들이 7~8년 경찰 시험을 봤는데 계속 떨어졌대요. "어떡하면 되겠냐" 질문하길래 "기도를 하세요"했습니다. "계율을 지키고 자비희사를 실천하면서 『지장경』을 읽으면 된다"고 구체적인 기도법도 일러줬습니다. 그랬더니 본인은 낚시를 해야 된다는 거예요. 그러면 아들 시험 포기하면 되죠. 자기 할 건 다하고, 하라는 기도는 안 하고 잘되기만 바라면 그게 이뤄질 수 있겠어요? 약간의 기도를 했을지라도 낚시의 즐거움을 위해 살생의 업을 짓고도 소원성취 하려는데 제가 무슨 말을 할 필요도 없는거죠.

성운 대사의 〈즐거움을 뿌려라〉 책에 공덕을 짓는 자세에 대한 가르침이 나옵니다.

"돈을 벌어들이는 한편으로 낭비를 하고, 파종을 하며 짓밟는 사람이 있습니다. 새어나가는 것이 있는 세상과 새어나가는 것이 있는 중생은 공덕과 인연을 유지할 수 없습니다. 찻잔에 구멍이 생기면 물이 새어나가는 것처럼 세간의 좋을 일과 공덕은 모두 우리 자신의 삼업(몸과 입과 뜻)에 의해서 새어나갑니다. 그러니 우리들은 항상 말을 삼가고 신중하게 행동하며 몸을 보양하고 마음을 억제하여 삼업으로 인하여 우리의 복보(복을 지어논 과보)가 새어나가지 않도록 해야 합니다."

공덕이 새나가는 것을 막기 위해서는 말을 삼가고 신중하게 행동하며 신중하게 생각해야 한다는 거죠.

어때요. 여러분, 일단 좋은 일을 했으면, 좋은 인연을 지었으면 이로운 쪽으로 생각을 해야 되는데 혹시 알아주길 바라고 대접받길 바라지는 않습니까? 그런 마음은 진정으로 공덕 짓는 자세가 아니에요. 공덕을 지어놓고 업을 추가하는 마음이죠. 아무리 좋은 음식 만들었다 하더라도 거기다 청산가리를 넣으면 그게 음식일까요, 독일까요? 공덕의 마음을 가질 수 있도록 노력을 해야 돼요.

성운 대사는 "만약 남을 돕고서 마음으로 괴로워한다면, 설령 몸으로 좋은 일을 하고 입으로는 좋은 말을 하며 마음으로 선의를 생각했겠지만 구멍이 생겼기 때문에 마치 솥과 그릇이 새고 집이 새며 주머니가 새는 것과 같다"고 하셨어요. 새기만 하면 다행이죠. 독으로 오염시키는 거라니까요. 그러면서 어떻게 복보와 공덕을 쌓을 수 있겠습니까?

굉장히 중요한 거예요. 복이 새어나가지 않는 가장 훌륭한 방법은 바로 삼귀의를 얻는 겁니다. 잠잘 때마저도 "귀의불" "아미타불"이 나올 정도로 철저하게 말입니다. 이는 평소에 훈련이 되고 연습이 되어야 가능하죠.

불자에겐 삼귀의가 가장 중요하다는 사실을 잊어서는 안됩니다. 『우바새계경』에 여러분들의 실천에 대한 정확한 지침들이 다 나와 있잖아요. 중생이 끝이 없고 괴로움이 끝이 없으므로 믿음을 얻어야 되고, 믿음을 얻고 나면 좋은 벗을 얻어야 되고, 좋은 벗을 얻고 나면 자재함 까지 얻어야 되고, 여러분들이 그러한 세계로 자꾸 나가는 거예요. 처음에는 불가능한 것 같았지만 가능해요. 부처님도 어렵다는 점을 알고 계셨어요.

"선남자여, 보살에는 두 가지가 있으니, 첫째는 재가보살이고, 둘째는 출가보살입니다. 출가한 보살은 이와 같은 세 가지 보리를 분별하는 것이 어렵지 않으나 재가인 이가 분별하기는 어렵습니다. 왜냐하면, 재가자는 많은 악연에 얽혀 있기 때문입니다."

차츰차츰 하다보면 삼귀의를 득할 수 있습니다. "거룩한 부처님께 귀의합니다. 거룩한 가르침에 귀의합니다. 거룩한 스님들께 귀의합니다." 이게 힘이 되면 세상이 기뻐지고 즐거워져요. 외부 환경에 관계없이 기쁘고 즐겁고 다 좋아지는 거예요. 삼귀의를 얻음으로써 가능한 거예요. 그러니까 첫 숟가락에 배부를 수 없어요. 하다보니까 되는 거죠. 그때는 여러분들이 아마 아라한이 되어있을 거예요. 아라한이 되어 "금생을 너무 멋지게 잘살았다"며 기뻐하는 거죠. 세세생생 그렇게 살다보면 이제 보살이 되어야겠지요? 보살은 어떻게 될까요? 중생들을 구제하겠다는 원력을 세워야지요. 부처님께 "선호념, 선부

촉 해주십시오"하고 발원해야지요. 아라한이 되어도 불보살님들의 선호념과 선부촉이 필요합니다. "내가 이 정도 되었으니까 괜찮다"고 생각하시면 안됩니다. 공부가 깊어지면 깊어질수록 불보살님들이 훨씬 더 위대하고 그 힘이 크다는 걸 알게 되기 때문입니다.『우바새계경』을 통해 우리가 현실 사회에서 어떻게 행복해지고 어떻게 우리 인생을 바꿀 수 있는지 공부하는 것은 그 출발점입니다.

다음 시간 공부할 제6품〈수삼십이상업품〉은 꼭 미리 읽어보세요. 삼십이상은 부처님의 신체적 특징들을 말하는 거예요. 여러분들도 언젠가 이 상호를 닦아야 돼요. 이미 닦아서 잘 생기신 분들도 많이 있지만 32상까지 구족하면 전륜성왕이 되고 여래가 되는 것이니까요. 꼭 그런 불자들이 되시기를 축원합니다.

기도로 운명을 바꾸기 위해서는 모든 것이 의심되고
시비가 걸릴 때를 잘 넘겨야 합니다.
이때 가장 중요한 것이 본인의 마음이에요.
이미 수많은 사람들이 기도로 운명을 바꿨음에도,
본인만 안된다고 지레짐작하고는 '안되기만 해봐라'하면서 노래부르고 있잖아요?
스스로 '안된다'고 다짐하는데 될 것도 안 될 수밖에요.

제9강 | 수삼십이상업품

부처님 32상은 전생 공덕
신체적 특징으로 나타난 모습

『우바새계경』 제6품 〈수삼십이상업품修三十二相業品〉을 공부하도록 하겠습니다.

선생이 세존께 여쭈었다. "세존이시여, 부처님께서 말씀하신 보살 몸은 언제 성취됩니까?" 부처님께서 말씀하셨다.
"선남자여, 처음 삼십이상의 업을 닦을 때입니다."
"선남자여, 보살이 이러한 업을 닦을 때 보살이라 할 수 있고 또 두 정定을 얻으니, 첫째는 보리정이고, 둘째는 유정有定입니다. 또 두 정이 있으니, 첫째는 숙명宿命을 아는 정이고, 둘째는 정법인正法因을 내는 정입니다. 선남자여, 보살이 삼십이상의 업을 닦는 것에서 아누다라삼먁삼보리를 얻음에 이르기까지 그 중간에 많이 듣고도 싫어함이 없습니다. 보살 마하살이 하나하나의 상을 닦음에 백 가지 복덕이 에워싸니 오십의 수심修心과 오십의 구심具心을 합하여 백 가지 복덕이라 합니다."

부처님의 신체적 특징 중 큰 것이 32가지가 있고, 작은 것은 80가지가 있어 이를 32상 80종호라 표현합니다. 32상의 '상'과 80종호의 '호'를 더해 "상호가 좋다"는 표현이 나오지요.

상호의 특징은 부처님과 전륜성왕에게 나오는데 부처님은 뚜렷하고 전륜성왕은 희미합니다. 그래서 32상은 그냥 만들어지는 것이 아니라 부처님께서 전생에 많은 복덕을 지은 공덕이 몸으로 나오는 것이라고 합니다. 부처님상을 모시면 반드시 공덕이 있는 것은 부처님이 삼아승기겁三阿僧祇劫을 계속 수행하면서 공덕을 닦은 까닭입니다.

"선남자여, 보살은 한량없는 겁 동안 항상 모든 중생을 위하여 큰 이익을 주고자 지극한 마음으로 부지런히 모든 선업을 짓습니다. 그러므로 여래는 한량없는 공덕을 성취하여 갖추니 이 삼십이상은 곧 대비의 과보입니다. 전륜성왕에게도 이 상이 있으나 이상을 명료하게 갖추고 있지는 않습니다. 이 상은 업의 체業體이니, 곧 몸과 입과 뜻의 업입니다."

그러니까 외모가 잘생기고 못생긴 것은 우리가 어떤 마음을 갖느냐에 따라서 육체에도 변화가 일어난 결과라는 말입니다. 그러니 우리는 늘 몸과 입과 뜻을 잘 다뤄야겠지요.

저를 찾아오는 분들이 가장 많이 하는 질문이 바로 "운명을 바꿀 수 있습니까?"라는 것입니다. 분명히 말하지만 운명은 정해져 있습니다. 그러나 바꿀 수 있어요. 아무렇게나 자기 맘대로 하는 것이 아니라 정확한 방법을 알고 그대로 실천한다면 가능합니다.

미국에서 황금을 캐는 골드러시(Gold rush) 붐이 크게 일었을 때 어떤 사람이 서부에서 굉장히 큰 금광맥을 찾았습니다. 살짝 덮어놓고 고향에 가서 친인척들 돈을 빌리고 후원받아 그 땅을 샀습니다. 아주 좋은 금광석을 캐고는 한 차만 더 캐면 빚도 싹 갚고 돈더미에 올라앉겠다 이렇게 생각을 했지요. 그런데 금맥이 더 이상 나오질 않는 거예요. 빚을 끌어다 아무리 파도 금은 나오질 않고 결국 망했다고 합니다. 땅도 팔고 비싸게 준 기계들도 고철로 팔고 떠날 수밖에 없었지요. 이 땅과 기계를 산 사람은 지질 전문가에게 금맥이 있을 만한 곳을 물었습니다. 전문가가 말해준 곳을 파니 1m만에 금광맥이 터진거죠. 콜롬비아에서 금 함유량이 최고로 많았대요. 떼돈 벌고 재벌이 됐지요. 반면 땅을 판 사람은 얼마나 속상했겠어요. 불과 1m 앞에서 그 거대한 재산을 놓쳐버렸으니 말입니다.

 우리 인생도 비슷해요. 특히 불교를 공부하면서 중요한 것은 전문가의 올바른 가르침입니다. 그런데 불교 공부하는 사람들은 대부분 혼자 뭐든 할 수 있다고 생각하지요. 경전을 독송할 때도 전문가의 올바른 법문, 강설이 필요합니다. 바르게 아는 것이 아주 중요하거든요.

 『우바새계경』도 찬찬히 읽어보면 금방 다 알 수 있는 가르침들이 모여 있어요. 재가불자들이 세간, 즉 가정과 사회, 일상 속에서 실천할 수 있는 지침이기 때문에 실천은 어려워도 상식적인 부분이니 이해는 쉽죠. 하지만 이를 제대로 이해하고 실천하기 위해서는 면밀하고 올바른 공부가 필요해요. 또 실천하는 과정에서도 전문가의 법문과 지도가 아주 도움이 되지요.

 세상에는 사는 것이 괴로운 사람들이 많아요. 같은 일을 해도 성취가 힘들고 일이 꼬이는 분들이 있죠. 이런 분들이 부처님을 믿으면 그 괴로움이 소멸될까요? 물론 소멸이 됩니다. 문제는 어떻게 믿고 어떻게 실천하는 지에 있지요.

 어느 불자가 '기다리는 마음'이라는 제목으로 안심정사 홈페이지에 올린 글이 참 재미있어 소개합니다. 불교는 『우바새계경』에서 말하는 것처럼 육바라밀을 믿고 닦는 종교인데 세 번째 바라밀이 바로 인욕이죠?

이 불자는 새벽기도를 이어가던 중 갑자기 번뇌가 생겨 고민했다고 합니다. 그런데 고비를 좀 넘기고 나니 기도가 더 잘되고 잡념도 없어졌다네요. 꿈을 꾸면 늘 스님이 지켜보거나 축원을 해주는 모습이 나타나고 불보살님을 뵙는 꿈도 꿨다고 해요. 하지만 꿈에 연연하기보다는 무심의 마음으로 끝까지 기도에 전념하는 것이 바람직하다는 생각을 했다고 합니다. 좋은 꿈을 꾸게 되면 내심 좋은 일이 생길까 기대를 품게 되는데 여기서 오히려 집착이 생긴다는 것이죠. 이 불자는 "기도를 하면 소원은 반드시 성취되지만 이를 기다리지 못하고 자꾸 조급한 마음이 생기면 오히려 지혜가 흐려졌다"고 경험을 전했습니다. 이에 기도로 운명을 바꾸는 과정에서 중요한 것은 기다림이라는 사실을 깨달았다는 것입니다.

부처님은 '인생은 고해의 바다'라고 하셨어요. 괴로움의 바다에서 침몰하지 않고 잘 사는 방법이 무엇일까요? 고해의 바다에서 업과 복 가운데 더 무거운 쪽으로 가라앉게 되는데 이러한 운명은 본인의 행위에 대한 결과로 얻은 것이기 때문에 내가 원하는 바대로 손바닥 뒤집듯이 바로바로 변화하긴 힘들어요. 어느 정도 기간이 필요하죠.

타고난 것은 숙명이고, 이것이 삶으로 드러난 형태가 운명이라고 보면 됩니다. 대부분의 범부중생들이 운명이 아닌 숙명에 의해 살아가죠. 타고난 대로 사는 겁니다. 여러분이 복을 많이 지으면 숙명도 변화된 운명으로 나타날 수 있습니다. 타고난 것을 개선하기 위해 지혜가 필요한 것입니다.

운명은 틀림없이 바꿀 수 있습니다. 얼마든지 됩니다. 왜 이미 저와 함께 3년, 5년, 10년 열심히 기도한 분들은 운명이 긍정적으로 바뀌어 살판이 났는데 못믿을 것이 어디있겠어요? "나만 안된다"고 생각하지 말고 기도하고 기다려보세요. 불교는 보편타당한 종교로, 우주 어디에 내놔도 누구에게 적용해도 이치에 맞는 종교예요. 단지 기다림의 차이는 있겠지요. 1m 차이로 금광을 놓친 사람처럼, 기도 잘 해서 좀 이뤄질만하면 다른 데가서 우물 파고 물 나올만하면 다른 데가서 또 파고 하다보면 물이 나오겠어요?

조급한 마음, 불안한 마음, 답답한 마음으로 1년에도 수많은 절을 다니는 우리 불자들, 잘 생각해 보세요. 이 절에 가면 이 스님은 이 기도하라고 조언하고 저 스님은 저 기도하라하고 조언하죠. 그러다 보니 여기저기 기도하겠다고 모은 경전만 한 보따리 아닙니까? 『천수경』독경 좀 하다가 『금강경』으로 넘어가고, 또 하다보면 '아미타불' 정근으로 넘어가고 '능엄주'에 '모다라니'에 정신 없지요. 소원성취가 될까요? 또 그러니까 평생 절에 다녔어도 불교의 진수조차 정확하게 파악 못하고 깊은 진리에 접근하기가 어려운 거예요.

여러분, 달챙이 숟가락이라고 혹시 들어보셨습니까? 옛날 무쇠솥에 누룽지를 긁는 용도도 사용하던 것이 놋쇠 숟가락이에요. 하도 긁다 보니 숟가락이 닳아 형태가 변형된 것을 달챙이 숟가락이라고 해요. 달챙이 숟가락은 몸이 다 닳아 반토막이 날 때까지 누룽지를 긁고 옮겼지만 그 맛을 모르죠. 혀는 알고 달챙이 숟가락은 몰라요.

불자들도 평생 절에 다녔지만 불교가 뭔지도 모르고 허둥지둥, 이리저리 돌아다니다가 끝난다면 달챙이 숟가락과 다를 바 없어요. 제대로 공부해서 진면목을 바로 보고 앎을 실천하는 것이 중요한 이유입니다. 그런 점에서 우리 불자들은 평소에 가정에서 『우바새계경』을 비치해두고 매일 아침에 한 구절씩 읽는 것도 좋을 듯 해요.

원효 대사 말씀에 운명이 끄는 힘이 황소가 끄는 힘보다 크다고 하죠. 요즘에는 자동차, 불도저, 포크레인 등 힘센 기계가 많이 있지만 신라 때는 제일 힘이 센 것이 황소였어요. 우리가 혜시惠施와 지계持戒, 다문多聞을 통해 『우바새계경』에 나오는 것처럼 계율을 지니고 실천하는 것이 굉장히 중요합니다.

육식도 마찬가지입니다. 불자들이 법회 마친 후 식사 메뉴로 삼계탕 먹고 고기를 먹어요. 사소해 보이지만 분명히 계율에 어긋나는 행동입니다. 일상에서 힘들겠지만 불자라면 식생활을 채식 위주로 변화시켜야 합니다. 대만 자재공덕회에서 전세계 성공한 화교 600여 명을 모아 대규모 템플스테이를 합니다. 첫날 첫 시간에 보여주는 것이 '불편한 진실'이죠. 도살장 모습을 쭉 영상으로 보여 주는 거예요. 그러고 나면 고기 먹기 힘듭니다. 고깃덩어리의 형태로 우리 눈앞에 나타나지만 육식은 틀림없이 살생업임을 알게 되니까요. 우리 불자들이 계율을 지키기 위해 노력하는 것은 굉장히 중요합니다. 아무 문제의식 없이 고기에 술 한잔하고 삼계탕 먹고 그러면서 불교를 믿는다고 할 수 있을까요.

좋은 법문을 많이 듣는 것도 중요합니다. 불자들이 부처님오신날이나 동지 등, 1년에 두세 번 절에 가서 법문을 들으면 아무리 좋은 법문이라도 마음에 깊이 박혀 삶에 영향을 미칠 수 있을까요? 매주 법회에 참여해 법문을 들어보세요. 나태한 마음이 정돈되고 삶에 조금씩 변화가 찾아올 겁니다. 아직 전국에서 매주 법회를 보는 사찰이 많지는 않으니, 좋은 법문을 찾아 들어보는 것도 바람직한 방법입니다.

『우바새계경』으로 돌아가서 〈수삼십이상업품〉에서는 32가지 부처님 모습의 특징에 대해서 지속적으로 나타냅니다. 가장 이상적인 얼굴이 부처님 얼굴이니까요. 관상의 표준도 부처님 얼굴, 손금의 표준도 부처님 손금입니다. 가장 완벽한 모습의 표준이 바로 석가모니 부처님의 모습이지요.

석가모니 부처님의 상을 계속 보고 부처님을 닮아가기 위해 몸과 입과 뜻을 잘 관리하면 우리도 그 원만한 부처님의 상호로 바뀌어갈 수 있어요. '큰바위 얼굴'에 나오는 이야기처럼 찌푸린 상을 계속 보면 자기도 모르게 찌푸리게 되지만, 훌륭한 상을 계속 보면 그렇게 될 수 있습니다. 즉 원만상호인 부처님의 모습 하나 하나를 보고 마음에 새기는 것으로 우리 불자들은 좋은 영향을 받을 수 있습니다.

32상은 자비로운 마음을 갖는 것에서부터 시작합니다. 우리가 자비로운 마음을 다 가질 수는 없다고 하더라도 노력하는 것이 중요해요. 끊임없이 지속하다보면 어느새 그렇게 변화될 수 있어요. '한 우물을 파라'는 속담처럼 꾸준히, 일단 3년은 해 보세요. 3년이라고 해야 1000일인데 그정도는 해보시고 안 되면 제게 손해배상 청구하세요(웃음). 우리가 좋은 법, 부처님 법을 만나고 실천하기 위해 노력을 하는데 안 될 턱이 없거든요.

힘들고, 아무리 해도 안된다고 느껴질 때가 있더라도 정말 조금 더 참고 견디며 더 부처님께 한 발 한 발 다가가는 그런 노력이 신앙인으로서 필요한 자세입니다. 새벽마다 100일기도 한다고 100일 동안 잠을 참는다고 생각하지 마세요. 오늘 하루만 참고 일어나면 돼요. 내일은 또 내일 참고 일어나면 되니까요. 100일 동안 매일을 미리 걱정하면서 '못하면 어떡하나'하지 마세요. 우리 불자들은 오늘 하루, 앉은 자리에서 잘 하면 됩니다. 아시겠지요?

"스님, 감사합니다"
… 일상 속 마주치는 고난 기도로 극복

기도로 운명을 바꾼다–상

안심정사에는 회주 법안 스님을 만나 기도를 시작한 뒤 인생의 변화를 겪은 사람들이 무수히 많다. 사업과 건강, 직업, 학업 등 일상에서 마주치는 모든 현실적인 고민들이 변화의 대상이다. 이 고민들은 때론 삶을 나락으로 떨어뜨리고, 때로는 절벽 끝에 내몰린 듯한 고통을 안긴다. '일체유심조'의 가르침도 고통에 빠진 중생에겐 도움이 되지 못한다. 삶의 고통에 직면했을 때 법안 스님을 만나, 기도로 고통을 극복하고 삶을 변화시킨 사람들의 경험담을 살펴본다. 수많은 사례를 지면에 담을 수 없어, 우선 안심정사 홈페이지와 소책자 '운명을 바꾼 사람들'에 게재된 대표적인 영험담들을 추려 일부 재구성했다.

편집자 주

아들 입시 위한 '진짜' 기도

"법안 스님을 친견하기 전에는 큰 절만 선호하던 '무늬만 불자'였습니다. 아들이 고3이 되면서 본격적으로 기도를 하고 싶다는 생각에 수소문 끝에 안심정사와 인연을 맺게 됐습니다. 아들이 대학입시에 성공할 것이라는 기대는 크지 않았지만 내가 할 수 있는 것에 최선을 다하자는 마음으로, 법안 스님의 가르침대로 술과 고기를 완전히 끊고 기도에 매진했습니다. 기도가 이어지던 어느 날에는 꿈 속에 제 머리 위에서 시커먼 연기가 뿜어져 나오더군요. 법안 스님이 꿈에 나타나 기도하는 제게 카드 한 장을 주셨는데 뒤집어 보는 순간 '합격'이라는 큰 글자를 보기도 했습니다. 정말 열심히 기도를 했지요. 수능 전날 법당에 앉아 기도를 하고 있는데 마치 장미꽃밭에 앉은 것처럼 장미 향기가 온 도량을 감싸는 듯한 경험을 했습니다. 그리고 제 아들은 그해 대학입시에서 국내 최고의 대학, 서울대에 입학했습니다. 매일 아침 학교에 가는 아들을 보면 콧노래가 나고 그렇게 행복할 수가 없습니다. 제 인생에 가장 잘한 일이 '기도'가 아닐까 합니다."

게임 중독 아들 변화시킨 기도

"아들은 심각한 게임중독이었습니다. 대학을 다니면서도 늘 공부는 뒷전이고 게임만 하다가 출석도 제대로 하지 못했고 규칙적인 생활이 안되니 늘 얼굴이 푸석하고 아토피까지 생겼습니다. 아무리 화를 내고 어르고 달래도 두

마디만 하면 싸움으로 번지기 일쑤였습니다. 아들의 문제로 고민하다가 법안 스님을 알게 됐습니다. 서울도량에 전화해 스님을 친견하고 당장 재수불공을 올렸고 '지장경'을 읽기 시작했습니다. 100일 지장기도를 목표로, 육식과 오신채를 끊고 새벽기도를 이어갔습니다. 기도가 끝나갈 무렵 아들과 함께 스님을 뵙고 약사불공을 신청했습니다. 그날 집에 오니 아들이 불쑥 '게임을 그만두기로 한 약속을 지키겠다'며 '그동안 누적된 게임머니를 팔아 불사에 동참하고 싶다'고 하더군요. 얼마나 기쁘던지요.

게임머니를 판 돈을 받아 서울도량 지장보살님 탱화 불사금으로 올렸습니다. 또 3년 약정으로 만선공덕회에 보시 동참도 했습니다. 놀랍게도 그날부터 아들의 아토피와 손바닥이 갈라지던 피부병이 깨끗이 없어지더군요. 이제 아들은 규칙적인 생활은 물론이고 자신과 주변을 돌보기 시작했습니다. 자신의 방을 청소하고 내가 직장일로 바쁘면 집안일까지 깔끔히 해둡니다. 스님의 법문을 듣고 경전을 읽으면서 친구들과의 사이도 훨씬 좋아졌다고 하더군요. 그리고 게임에 허비했던 시간들을 이제 공부에 쏟기 시작했습니다. 눈빛은 선해지고 '그동안 못한 효도 앞으로 하겠다'고 예쁜 말만 골라서 하는 건실한 젊은이가 되었습니다. 이 기쁨과 행복을 어떻게 표현해야 할까요. 스님, 거듭 감사드립니다."

'지장경' 천독이 가져온 행복

"'지장경' 1000독을 끝내고 1년이 지나면서 많은 분들이 '정말 잘 먹고 잘 살고 있을까?'하는 궁금증을 전해옵니다. 결론적으로 말하면 정말 그렇습니다. 마음이 편해진 것은 물론이고 우리 가족들이 눈치 채지 못하는 사이 많은 일들이 술술 해결되기 시작했습니다. 항상 벼랑 끝에 서 있는 듯 했던 아들의 발작이 멈췄고 긴 방황을 끝내고 가족의 품으로 온전히 돌아왔습니다.

저와 남편 또한 열심히 일을 하며 사업을 원만하게 일궈나가고 있습니다. 열심히 일하고 돈도 벌고 늘 먹을 것과 입을 것이 떨어지지 않으며 가장 중요한 것은 가족이 화목해지고 마음에 안정을 찾았다는 점입니다. 이 모든 것이 '지장경' 기도로 인한 변화라고 밖에 생각할 수가 없습니다. 이제는 온가족이 함께 합심기도를 이어가고 있습니다. 스님, 감사드립니다."

무기력 극복하고 성격도 변화

"회사를 그만두고 하루 종일 뒹굴거리면서 TV만 보던 시기 법안 스님의 법문을 접했습니다. 우울하고 무기력하고 짜증만 가득해 허구헌날 두통으로 고통받던 제 삶이 그날을 계기로 완전히 달라졌습니다. 명쾌한 법문을 듣고 '지장경'을 읽기 시작하자 두통이 먼저 사라지더군요. 그리고 무기력하게 이어가던 제 삶을 다시 일궈야겠다는 의지도 생겼습니다. 지장기도를 시작하면서 성격도 바뀌었습니다. 까탈스럽고 다혈질이던 과거 모습이 점차 사라지고 마음이

넓어지고 감사하는 마음이 샘솟았습니다. 제가 변하니 가족들도 변하기 시작했어요. 딸아이는 염불을 하고 신랑은 절을 합니다. 함께 기도하며 서로 배려하고 사랑하는 마음이 쑥쑥 자라니 얼굴만 봐도 행복하고 웃음이 나는 가정이 됐습니다. 기도로 이런 행복이 찾아오다니 스님 말씀대로 이제는 '고통 끝 행복 시작'입니다."

제10강 | 발원품

중생을 이롭게 함에
몸과 목숨을 아끼지 않겠나이다

불기 2560년 부처님오신날을 맞아 삶 속 행복을 찾아가는 여정을 시작하겠습니다. 이번주는 『우바새계경』 제7품 〈발원품〉을 함께 공부하겠습니다.

　　세존이시여, 어떤 이를 지혜로운 이라고 합니까?
　　"선남자여, 위없는 큰 원無上大願을 잘 세운 이를 지혜로운 이라
　　고 합니다."

어떤 사람이 지혜로운 사람인가 부처님께 여쭤보니 '무상대원(보현십대원, 약사십이원, 미타사십팔원)', 즉 불보살님께서 세운 원을 우

리의 발원으로 삼는 이를 '지혜로운 이'라고 설하셨네요. 이 '지혜'를 세속적으로 보면 여섯 가지 특징으로 표현할 수 있습니다. 첫 번째로 강한 학구열, 두 번째가 호기심, 셋째 판단력, 넷째 사회적응력, 다섯째 예견력, 여섯 창조적 능력 등입니다.

 지혜를 우리가 이해할 수 있는 말로 쉽게 표현하자면 '처세술'입니다. 출세를 위해 아부한다는 것이 아닙니다. 어떤 상황에 처했을 때 가장 현명하게 행동하는 것이 바로 처세술이지요. 지금 이 자리에서 내 인생을 가장 잘 사는 것이 처세, 곧 지혜가 있는 것이지요.
 지혜는 지식과 다릅니다. 지식이란 정보의 개념이죠. 인터넷이 발달한 현대사회에서는 전 세계 모든 정보를 찾아볼 수 있습니다. 지혜는 그 정보를 취사선택해서 내 인생을 풍요롭게 만드는 것이라고 할 수 있습니다.
 지혜를 쉽게 두 글자로 표현하면 '성실'이라고 했지요? 성은 정성심, 실은 진실성입니다. 무상대원을 잘 세운 사람은 정성심으로 일을 대하고 진실로 일을 대하니 지혜로운 사람이지요. 이런 분은 처세를 잘 할 수밖에 없는 거예요. 지식이 아무리 많아도 처세가 부족한 사람들이 있는데 지식은 있으나 지혜롭지는 못한 셈입니다.
 그렇다면 '무상대원'을 잘 세우기 위해서는 어떻게 해야 할까요?

"보살 마하살이 보리심을 내면 몸과 입과 뜻으로 선업을 지어 장래에 얻는 모든 과보를 중생들과 함께 할 것을 원합니다. 보살 마하살은 언제나 부처님과 성문, 연각, 선지식 등을 친근히 하고 공양·공경하며 깊은 법을 물어 잃지 않고 받아 지니며 원합니다."

나만 잘살고 다른 사람은 못살게 하는 기도가 아니라, "타인들도 내가 기도한 공덕으로 잘 살았으면 좋겠다"는 마음이지요. 처음에는 나와 가족에 한정되더라도 이를 점차 회사와 사회, 나라, 지구 더 나아가서는 아홉 법계(지옥, 아귀, 축생, 인간, 아수라, 천상, 성문, 연각, 보살)에 내가 기도한 공덕이 전해지길 발원하는 마음입니다. 이를 '법계회향'이라고 하지요.

내가 나의 몸과 입과 뜻으로 선업을 지었지만, 이 공덕이 두루두루 널리 퍼지기를 서원하는 것이 바로 '무상대원'인 것입니다. 나 혼자만 잘 먹고 잘 입고 잘 사는 게 아니라 같이 잘 살겠다는 마음 말이지요.

원을 세울 때 말하기를 "내가 이제 모든 부처님과 성문, 연각, 좋은 벗들을 가까이 하며 셀 수 없이 많은 세상에서 큰 괴로움과 번뇌를 받을지언정 보리에서 퇴전하는 마음을 내지 않겠나이다. 중생이 악한 마음으로 내 몸을 때리고 매도하고 헐뜯고 욕보이더라도, 원컨대 나는 이로 인하여 자애심을 키우고 나쁜 생각을 내지 않겠나이다."

재가불자에게 보리심의 시작은 수명을 늘리고 재물을 늘리는 것입니다. 한 단계 올라가면 보리종성을 끊어지지 않게 하고 다음에는 모든 중생을 구원하는 것으로 차원을 높여 가게 되지요. 중생이 악한 마음으로 나를 괴롭히더라도 이로 인해 자애심을 증장하겠다는 것은 대단히 멋진 원이지요. 현실적으로는 쉽지 않은 것이 사실입니다만, 화가 날 때 잠시 멈춰 마음을 돌아보고 자애심을 내고자 한다면 그것이 곧 화를 냄으로써 마주하는 더 큰 고통에서 벗어나는 지혜가 될 수 있습니다.

"원하옵나니 내 몸에 자유로운 힘이 있어 남을 위해 봉사하게 하옵시고, 힘이 있는 다른 사람이 나를 핍박하지 않게 하옵소서. 원하옵나니 내 몸에 모든 근이 갖추어지고 나쁜 벗을 멀리하며 악한 나라나 야만인의 땅에 태어나지 않게 하옵소서."

봉사를 하고 싶어도 내 몸에 자유로움이 없으면 힘들지요. 현실적인 '무상대원'의 기도문입니다. 무상대원이 실천하기 어려운 저 멀리 높이 있는 게 아니라 이렇게 현실에 가까운 곳에 있음을 알아야 합니다.

또 악한 나라나 야만인의 땅에 태어나지 않길 발원하는 부분은 어떨까요? 언젠가 김해공항에서 김포공항으로 오는 길에 외국인들이 정말 많더라고요. 우리나라가 이주민 140만 명을 넘어섰다는 사실이 실감이 나면서, '이제 우리가 단일민족을 주장해서는 큰일나겠구나'하는 생각이 들었습니다. 피부색깔, 국적 따지지 말고 다함께 잘 사는 나라가 되려면 우리가 그분들에게 잘해야 될 필요가 있겠지요.

외국에서 유학 온 분들은 향후 그 나라의 지도자가 될 사람들라고 생각해 보면 어떨까요? 제 경험을 이야기해 보자면 15년 전 중국에서 유학 온 스님 두 분이 있었어요. 당시에는 중국이 지금만큼 잘 사는 나라가 아니었어요. 스님들이 유학 와서 굉장히 고생을 많이 하는 것이 항상 마음이 쓰였습니다. 안심정사는 늘 기도가 많아서 좋은 과일들도 많았어요. 그래서 공부하러 갈 때마다 과일을 박스에 잔뜩 챙겨서 러시아, 인도, 중국 등 전세계에서 온 어학당 학생들에게 주고, 중국에서 오신 스님들께는 따로 별도로 박스에 싸 드리곤 했습니다. 그런데 그 중국 스님이 자국으로 돌아간 뒤 얼마 지나지 않아 높은 자리에 올라가신 거예요. 대한민국에서 박사학위를 받은 것이 큰 뒷받침이 된 것이죠. 게다가 중국불교계에서 유일하게 한국어를 할 수 있는 스님이니 모든 대외적 소통이 그 스님을 통하게 된 거지요. 참 신기한 인연이지요?

또 저는 스리랑카에도 친구가 있어요. 노동자로 한국에 왔을 때 인연을 맺었는데, 스리랑카 3대 도시의 시의원을 하다가 우리나라에 와서 플라스틱공장에서 10년간 근무하다가 비자 문제로 추방당했거든요. 추방당할 때 비행기 삯을 대신 내준 적이 있습니다. 몇 해 전인가 스리랑카에서 만났는데 검열이 굉장히 심한 와중에 이 친구의 도움을 아주 많이 받았지요.

먼저 좋은 마음을 내고 어려운 상황의 이웃을 도우면 어떤 방식으로든 좋은 결과가 나타납니다. 먼저 손을 내밀어보세요. 서로 좋은 것은 물론이고, 우리가 다음 생에 악한 나라나 야만인의 땅에 태어나지 않는 방법도 되니까요.

"항상 좋은 신분으로 태어나 건강하고 재보財寶에 구애되지 않게 하옵소서. 좋은 생각과 자유로운 마음을 얻고, 용감하고 튼튼한 마음을 가지며 말을 하면 듣는 자가 잘 받아들이고 모든 장애에서 벗어나게 하옵소서."

건강하고 재보에 구애되지 않는 것은 재가불자로서 아주 큰 복이자 부처님의 공덕이지요. 좋은 생각과 자유로운 마음 또한 아주 중요한 거예요. 가만히 주위를 살펴보면 사람들이 생각하고 고민하는 것 중에 99%는 쓸데없는 걱정이에요. 오죽하면 "청천하늘에 잔별도 많고 우리네 가슴속에 수심도 많다"는 말이 있을까요.

 늘 이야기하지만 복이 없고 운이 없고 재수가 없는 사람들은 당면한 상황보다 걱정을 훨씬 많이 해요. 10년 후의 일까지 앞서 생각하고 걱정하는 것은 당연하고, 이제 막 태어난 자식들의 먼 미래까지 묻고 걱정해요. 자식 미래 걱정하면 뭐가 달라지나요? 걱정할 시간에 자식 위한 공덕이나 지어 주는 게 낫지요. 이처럼 쓸데없는 걱정을 하면서 늘 여러분들의 마음만 괴롭히고 있잖아요.

 그래서 고민에 고민을 거듭하다가 만든 게 '정말 잘돼' 법어장이에요. 쓸데없는 99% 고민으로 걱정하느니, "정말 잘돼" "정말 잘돼" 노래 부르고 다니라고요. 안심정사 신도들 중에는 그렇게 해서 정말 잘된 사람들이 많아요. 긍정적이고 좋은 생각을 하는 것이 얼마나 중요한 지를 아셔야 해요. 특히 운이 나쁜 사람들은 좋은 생각을 하려 해도 그동안 해온 습이 있어 어려운 경우가 많아요. 그래도 '좋은 생각을 해야겠다'고 마음 먹고 "정말 잘돼" 하루에 천 번, 만 번 되뇌이면 정말 잘돼요. 좋은 생각에서 비롯된 자유로운 마음, 평안한 마음은 자유롭고 평안한 몸으로 이어집니다. 부처님 말씀이 어려운 게 아니에요. 긍정적인 마음을 갖고, 굳센 의지를 갖도록 노력해 보세요. 안되면 다시 또 도전하면 되죠. 그런 마음을 가질 때 우리에게 진실로 행복이 오는 거니까요.

　장애에서 벗어난다는 것은 또 어떨까요? 살면서 마주치는 인생의 장애라는 건 이루 말할 수 없이 다양하지만 크게 세 가지로 정리가 됩니다. 바로 번뇌장과 업장, 보장이지요. 번뇌장과 업장은 우리가 열심히 노력하면 소멸할 수 있는데 보장은 쉽지가 않아요. 이미 숙명에 가깝게 우리를 끌고 가는 장애이기 때문이지요.

　인생의 장애들은 대부분 3년, 즉 1000일 동안 기도하면 극복할 수가 있어요. 그런데 결정적인 순간 과거의 습관이 나오죠. 〈명심보감〉에 '인일시지분忍一時之忿이면 면백일지우免百日之憂니라'고 했습니다. 1시간 참으면 100일이 걱정이 없다는 뜻이지요. '참을 인忍'자 세 번 쓰면 살인도 면하는 것이라고 하잖아요? 차근차근 실천하다보면 어느샌가 삶에 변화가 일어나고 있을 겁니다.

> "방일하지 않고 몸과 입과 뜻에 모든 악업이 없애고 항상 중생을 위해 큰 이익을 짓고 중생을 이롭게 함에 몸과 목숨을 아끼지 않으며 몸과 목숨을 위해 나쁜 업을 짓지 않고 중생을 이롭게 할 때 은혜에 대한 보답을 구하지 않겠나이다."

　너무나 아름다운 보살의 삶이에요. 우리에게 불가능한 삶이 아니라 노력을 통해 할 수 있는 삶입니다. 한번에 모두 하려고 욕심내지 말고 하나씩 하나씩, 작은 것부터 실천해보는 게 중요해요. 중생을 이롭게 함에 목숨을 아끼지 않고 은혜에 대한 보답을 구하지 않겠다는 것이 쉽지는 않을거예요. 하지만 힘들다고 해서 포기하지 마세요. 좋은 생각으로 좋은 행동을 하려고 노력하는 과정 자체로 의미가 있으니까요.

"항상 즐거이 심이부경을 받아 지니고 이미 받아 가지면서 다시 다른 사람에게 이를 가르쳐서 중생의 악한 소견과 악한 업을 부수니 어떤 세간사로도 이길 수 없는 뛰어남을 얻고, 또 다시 가르쳐서 중생의 몸과 마음의 중병을 잘 다스리고, 떠나거나 파괴하는 자를 보면 화합하게 하며, 두려워하는 자를 보면 구제하고 보호하고서 갖가지 법을 설하여 그가 듣고 나면 마음으로 조복하게 하겠나이다. 굶주린 것을 보면 몸이라도 보시하여 배부르게 하고, 그가 탐욕스럽고 악한 마음을 내지 않게 하며, 나를 먹을 때에는 초목을 먹는 것과 같이하게 하옵소서."

경전에 보면 부처님이 전생에 보살로 수행하실 때 기근이 들어 먹을 것이 없으니까 큰 물고기로 태어나셔서 많은 중생들이 그 물고기를 먹고 배고픔을 벗어나게 하셨다는 구절들이 나옵니다. 내 몸을 보시해 먹도록 하긴 힘들겠지만 부처님의 그런 마음을 배워야 합니다.

중생을 이롭게 하기 위해 내 몸과 목숨을 아끼지 않는 경지까지 가지는 못할지라도 마음을 내야지요.『우바새계경』이 조상천도와 아무 관계가 없는데도 왜 이 경을 통해 천도가 잘되나 봤더니 이런 보살도의 마음이 답이었습니다. 이런 마음들이 영가들에게 전달되면 그 영가가 무엇에 집착하고 무엇에 한을 품겠어요. 이러한 원대한 발원으로 보살의 마음을 가지고 살아가다보면 많은 것들이 달라질 수 있지 않겠습니까? 이 발원문은 우리가 항상 외우고 마음에 되새길 필요가 있습니다.

"선남자여, 보살이 이와 같이 원을 세운다면 이 사람이 바로 위 없는 법재장자(법의 재물을 갖춘 장자)이며, 법을 구하는 왕으로서는 아직 얻지 못한 법왕임을 알아야 할 것입니다.

선남자여, 보살 마하살은 세 가지를 갖추었으므로 법재장자라 하는 것입니다. 첫째는 외도의 가르침을 담은 책을 좋아하지 않는 것이고, 둘째는 생사의 즐거움을 탐내어 집착하지 않는 것이며, 셋째는 항상 불법승 삼보에 공양하기를 좋아하는 것입니다. 또 세 가지가 있으니, 첫째는 남을 위하다가 괴로움을 당하더라도 후회하지 않는 것이고, 둘째는 미묘한 위없는 지혜를 갖추는 것이며, 셋째는 선법을 갖추었을 때 교만함을 내지 않는 것입니다.

또 세 가지가 있으니 첫째는 모든 중생을 위하여 지옥의 고통을 삼선의 즐거움처럼 받는 것이고, 둘째는 남이 이익을 얻는 것을 보아도 질투심을 내지 않는 것이며, 셋째는 선업을 짓되 생사를 위함이 아닌 것입니다. 또 세 가지가 있으니, 첫째는 남이 고통 받는 것을 보면 자기가 받는 것과 다름없이 여기는 것이고, 둘째는 선업을 닦는 것이 모두 중생을 위한 것이며, 셋째는 방편을 잘 지어서 중생들로 하여금 괴로움에서 벗어나게 하는 것입니다. 또 세 가지가 있으니, 첫째는 생사의 즐거움이 큰 독사와 같다고 살펴보는 것이고, 둘째는 생사에 처해도 중생을 이롭게 하기를 좋아하는 것이며, 셋째는 무생법인(불생불멸의 진여를 깨달아 알고 거기에 안주하여 움직이지 않는 것)에 공덕이 많음을 관찰하는 것입니다."

한 단계 한 단계 우리 마음을 다스리고 훈련하다보면, 자고 일어났더니 보살되고 부처되는 순간이 올 거예요.

안심정사를 다니시는 분들은 다 아시지요? '할 수 있어, 정말 잘돼 할 수 있어, 정말 잘돼' 오늘 『우바새계경』을 통해 배운 발원문을 마음속에 잘 간직하고 조금씩 실천해 나가시길 바랍니다. 행복하세요.

"생사기로서 만난 부처님"
…기도로 새 삶 찾은 사람들

기도로 운명을 바꾼다-하

기도 일정 잡고 씻은 듯 나아

"갑자기 발생한 어지럼증 때문에 움직이지도 못하고 식사도 하지 못해 2개월만에 체중이 20kg 감소하는 등 고통을 받던 가운데 안심정사 법안 스님을 만났습니다. 이대로는 정말 죽을 수 있다는 지푸라기라도 잡는 심정으로 친견 일정을 잡았습니다.

이상한 것은 평소 5분 이상 차를 타면 죽을 것 같은 고통이 따랐는데, 집에서 논산 본찰까지 가는 3시간 동안은 아무런 증세가 없이 편안했습니다. 법안 스님을 친견하고 일주일 후 약사기도와 지장천도불공을 올리기로 했습니다.

그런데 돌아오는 길 극심한 배고픔을 느껴 추풍령휴게소에 들러 밥을 사먹게 됐습니다. 집에서 준비해 간 미음은 갑자기 비린내가 나서 입에 댈 수가 없었지요.

이후 약속된 기도날까지 몸이 급속도로 회복됐고 불공을 올린 후에는 완전히 증세가 사라져 지금까지도 건강하게 살아가고 있습니다. 기도 일정만 잡았는데 그 자리에서 병이 낫는 기적을 만났다고 밖에 설명할 수가 없습니다. 부처님 감사합니다."

기도로 암 완치되는 기적 경험

"지난해 2월 말경 식도암 말기 판정을 받았습니다. '수술만 받으면 살 수 있겠지'하는 마음으로 서울의 병원을 찾았는데 청천벽력같은 소리를 들었습니다. 이미 암세포가 대장과 임파선, 뼈 등으로 전이돼 수술이 불가능하고 항암·약물 치료밖에 손을 쓸 도리가 없다고요. 집사람과 대학교에 막 입학한 큰딸, 고2가 되는 철부지 작은딸이 오열하는 모습을 보며 죽음이 눈 앞에 닥친 인간의 무기력을 느꼈습니다.

이때 생각난 분이 법안 스님이었습니다. 스님은 제게 완치될 수 있다는 용기와 희망과 함께 열심히 기도하라고 당부했습니다. 친견 후 온 가족이 지장기도에 매진했고 한달 후 약사불공을 올린 후 변화가 시작됐습니다. 보는 사람마다 얼굴이 좋아졌다고 하더군요.

그리고 지금 저는 병원 진단 결과 CT와 X-ray상 육안으로 보이는 암세포가 없다는 소견을 받았습니다. 8주에 한번씩 검사만 받으면 된다고 하더군요. 회사에 복직할 날을 기다리며 이전보다 더 열심히 기도정진하고 있습니다. 제게도 이런 기적이 올 줄은 몰랐네요.

법안 스님 감사합니다. 스님 가르침대로 남은 삶은 다른 이를 위해 회향하는 삶을 살겠습니다."

태어나 가장 잘한 일은 '기도'

"처음 불교를 접하고 법안 스님과 인연을 맺은지 만 3년이 지났습니다. 기도를 통해 기적같은 일들을 겪었고 소원성취도 경험했습니다. 그중 가장 감사한 일은 친정어머니의 병환이 치유된 것입니다. 엄마는 실명으로 한쪽 눈을 항상 감고 계셨습니다. 또 우울증과 불면증은 물론 여러 가지 많은 질병으로 고통받았습니다. 여주·이천·서울까지 큰 병원을 찾아다녀봐도 별다른 차도가 없었습니다. 답답한 마음에 저는 스님과 상담한 후 기도를 시작했습니다. 좋은 날을 잡아 약사불공도 올렸지요.

그런데 어느날 항상 한쪽 눈을 감고 계셨던 엄마가 두 눈을 모두 뜨고 다니시는 겁니다. 경로당에도 나가시고 미용실도 다녀오셨다고 하더라고요. 정말 깜짝 놀랐습니다.

더 놀라운 것은 안보이던 한쪽 눈이 조금씩 보이기 시작하셨다는 사실입니다. 부처님 가피에, 그리고 기도의 염험을 이끌어주신 법안 스님을 향해 얼마나 감사의 눈물을 흘렸던지요. 태어나 가장 잘한 것이 부처님 법을 만나고 법안 스님을 만나 기도하는 불자가 된 것입니다. 친정엄마의 밝은 미소를 보면 얼마나 행복한지 모릅니다."

안심정사 카페 | http://cafe.daum.net/ansim24

제11강 | 명의보살품·의보살심견고품

'이름만 보살' 벗어나
'참다운 보살'되기 위한 실천 방법

『우바새계경』 제8품 〈명의보살품名義菩薩品〉과 제9품 〈의보살심견고품義菩薩心堅固品〉을 함께 공부하도록 하겠습니다. 『우바새계경』은 한국에 최초로 소개되는 경전으로 한국 불자들에게는 아주 생소할 것으로 생각됩니다. 그렇지만 중국에서는 재가불자들에게 보편적으로 가장 많이 설해지고 있는 경전입니다.

대승불교는 출가제자들만을 위한 불교가 아니고 재가불자들도 함께 주인공이 되는 불교이기 때문에 『우바새계경』은 재가불자들이 사회에서 살면서 가장 필요한 행동 지침이라는 점에서 중요합니다. 다행히 인연이 닿아 한국에서도 이렇게 경전을 소개하고 강설을 하게 됐으니 행복한 일입니다.

『우바새계경』은 선생 보살이라고 하는 재가불자가 묻고 석가모니 부처님께서 대답하시는 방식으로 구술되어 있습니다. "비우고 내려놓아라"에 익숙한 한국 불자들에게 "잡고 비우지 말고 채워라"는 『우바새계경』의 가르침은 참 생소합니다. 하지만 이 때문에 『우바새계경』이 보물 같은 경전입니다. 이번 강설이 많은 불자님들께 불자답고, 실질적인 행복을 전하는 계기가 됐으면 하는 바람입니다.

선생이 세존께 여쭈었다. "세존이시여, 부처님께서 말씀하신 바와 같이, 보살은 두 종류가 있어, 첫째는 가명보살(이름만 보살)이고, 둘째는 실의보살(참다운 보살)이라면 가명보살은 어떤 이입니까?"

"선남자여, 어떤 중생은 보리심을 내고 나서 외도의 실천법과 그 전적 받기를 즐거워하고 읽고 외고 또 이 법으로 중생을 교화합니다. 자신의 몸과 목숨을 위하여 남의 목숨을 죽이고 해치며 자비 닦기를 즐겨하지 않습니다. 생사를 좋아하여 언제나 모든 업을 지어서 생사를 즐거움으로 받습니다. 삼보에 대한 신심이 없고 의심으로 마음이 얽매이며 몸과 목숨을 아끼고 보호하여 인욕하지 못합니다. 말이 거칠고 비난하며 원한을 품고 한탄하며 방일합니다. 자기 스스로를 가볍게 여겨 '나는 무상보리를 얻을 수 없다'고 생각합니다."

〈명의보살품〉은 이름만 보살인 자가 참다운 보살이 되기 위한 과정을 설하는 내용입니다. 위에서 설한 분들이 바로 이름만 보살이지요. 부처님께서는 참다운 보살이 될 수 있는 길도 잘 설명해주십니다.

"실의보살은 깊은 뜻을 듣고 좋은 벗을 가까이 하기를 좋아하고 스승과 어른, 부모와 좋은 벗들을 공양하기를 좋아합니다. 『십이부경』을 듣고 지니고 읽고 쓰고 그 뜻을 생각하기를 즐겨하며 법과의 인연을 위해 목숨, 처자, 재물을 아끼지 않으니 그 마음이 견고하여 모든 것을 불쌍히 여깁니다. 말이 부드럽고 온화하며 진실된 말을 먼저 하고 못된 말과 남을 이간하는 말을 하지 않습니다."

어떻습니까? 불교가 멀리 있고 우리 생활과 떨어져 있는 것이 아니라는 생각이 들지요? 부처님 가르침에 따르면 이러한 현실적이고 실천 가능한 노력으로 참다운 보살이 될 수 있습니다. 『우바새계경』의 가르침을 하나하나 마음에 새기고 실천해 나간다면 바로 여러분들이 진실한 보살이 될 수 있는 거예요.

부처님께서는 아무리 십이부경을 읽고 보시 공덕을 많이 쌓더라도

긍정적이고 좋은 생각을 하는 것이 얼마나 중요한 지를 아셔야 해요.
특히 운이 나쁜 사람들은 좋은 생각을 하려 해도
그동안 해온 습이 있어 어려운 경우가 많아요.
그래도 '좋은 생각을 해야겠다'고 마음 먹고
"정말 잘돼" 하루에 천 번, 만 번 되뇌이면 정말 잘돼요.
좋은 생각에서 비롯된 자유로운 마음,
평안한 마음은 자유롭고 평안한 몸으로 이어집니다.

근본적으로 더딘 사람이 있다고 하셨습니다. 다만 그 마음이 얼마나 깊은지에 달려있다고 설하셨지요.

"자신을 가볍게 여기지 않고 손을 내밀어 은혜 베풀기를 싫증 내지 않으며 언제나 지혜의 칼을 닦고 갈기를 즐깁니다. 비록 외전을 익히나 사견을 부수고 사견을 이기기 위함입니다. 방편을 잘 알아서 중생을 조복하고 대중을 무서워하지 않습니다. 항상 보리는 얻기 쉬운 것이라고 가르쳐서 듣는 자로 하여금 두려운 생각을 내지 않게 합니다."

자신을 가볍게 여기면 안됩니다. 부처님 가르침에 따르면 여러분들은 요즘 말로 '사랑받기 위해 태어난 존재'이며 '행복하기 위해 태어난 존재'이기 때문입니다. 사실 부처님 가르침만 보면 불교가 어렵고 힘든 이유가 하나도 없는데 우리가 불교공부를 할 때는 지레 겁먹고 어려운 길로 돌아갑니다. 이『우바새계경』을 잘 공부해 어느 정도 무르익으면 달라질 거예요.

프랑스 출신의 불교학자 베르나르 포르가 쓴 '불교는 무엇이 아닌가'라는 책이 있습니다. 대부분 불교서적은 '불교는 무엇인가' '무엇을 말하는가'에 관한 서술인데, 이 분은 '무엇이 불교가 아닌가'에 초점을 맞춘거죠. 여러분들도 한번 읽어보면 좋겠다는 생각이 들어요.

고려대 철학과 조성택 교수님이 콜롬비아대학에서 공부를 하면서 이 책을 번역했어요. 이 책은 원시불교부터 대승불교, 밀교까지 전부 정리해 통념상으로 "불교는 이럴 것이다"하는 막연한 견해 가운데 아닌 것의 근거를 찾아 간단명료하게 전달하고 있습니다. 이 자리를 빌어 추천하고자 해요.

여러분, 항상 이야기 하지만 불교는 어려운 게 아니에요. 불교는 쉬운 거예요. 여러분들이 실천하지 못할 것은 아무것도 없어요. 많은 한국 불자들이 최고 어려운 것, 최고 높고 대단한 것만 찾아 헤매다 보니, 막상 불교의 핵심을 어디서 어떻게 배울 지를 헷갈리고 있어요.

입과 몸과 생각을 조심하는 실천만으로도 불교는 삶 속으로 들어옵니다. 어떠한 어려움이 닥치더라도 기도를 통해 운명을 바꾸고 극복할 수 있습니다. 고통이든 아픔이든 경제적인 어려움이던지 간에, 기도를 하다보면 의식수준 자체가 높아지고 많은 것들이 변화되지요. 안심정사 홈페이지만 봐도 수많은 경험담들이 있잖아요?

"마음이 방일하지 않고 항상 인욕을 닦으며 열반의 과보를 위하여 계를 지키고 정진합니다. 중생을 위하여 심부름꾼이 되어서 저들로 하여금 안온하고 기쁘고 즐거움을 받게 할 것을 원합니다. 남을 위해서 괴로움을 받아도 후회하는 마음을 내지 않고, 보리에서 퇴전함을 보면 가여워하는 마음을 냅니다. 모든 갖가지 고뇌에서 구제하고 생사에 있는 죄과를 살펴봅니다. 위없는 육바라밀을 갖추어서 세상일을 함에 어떤 중생보다 낫습니다."

이는 참다운 보살의 모습인 동시에 바람직한 삶의 자세이기도 합니다. 〈명의보살품〉에서 가장 중요한 것은 다음 대목입니다.

"원수와 친한 사이에도 한결같은 마음이며 보시할 때에도 평등하게 하여 몸의 버림까지도 그렇게 합니다. 무상을 알아 몸과 목숨을 아끼지 않으며 사섭법으로써 중생을 포용합니다. 세간의 이치를 알아서 중생에 따라 말하며 중생들을 위하여 괴로움을 받을 때에도 그 마음이 수미산과 같이 흔들리지 않습니다."

〈명의보살품〉의 핵심을 알기 위해서는 사섭법을 꼭 배워야 합니다. 사섭법의 첫 번째는 보시섭(남들에게 베푸는 것), 두 번째는 이행섭(남을 이롭게 하는 것), 세 번째는 애어섭(남들에게 사랑스런 말을 하는 것), 네 번째는 동사섭(남들과 같이 어울려서 일하는 것)입니다. 그 자체로 보살도지요. 우리가 가족과 친척, 직장동료들에게 부처님법을 포교하는 방법이 바로 사섭법이라고 보시면 됩니다. 〈명의보살품〉에는 이처럼 참다운 보살이 되는 방법과 과정들이 아주 구체적으로 나와 있으니 잘 숙지해 작은 것부터 실천해 나가시길 바랍니다.

제9품 〈의보살심견고품〉은 의보살, 즉 참답고 올바른 보살인 실의 보살이 되기 위한 방법들을 담고 있습니다.

> "보살이 육바라밀을 수행할 때에는 끝까지 육바라밀의 과보를 구하지 않으며 다만 중생의 이익을 일로 삼습니다. 보살이 생사계의 허물과 환난을 깊이 알면서도 기꺼이 머무는 것은 중생으로 하여금 안락의 이익을 받도록 하기 위함입니다. 보살이 해탈의 안락과 생사의 허물과 환난을 알면서도 기꺼이 머무니 이것이 보살의 불가사의입니다."

『금강경』의 '발아누다라삼먁삼보리심자는 운하응주며 운하항복기심이니잇고(무상정등정각의 마음을 낸 자는 그 마음을 어떻게 항복받고 그 마음을 어떻게 머물러야 되겠습니까)'의 해답이 바로 여기에 있습니다. 『금강경』에는 이 질문의 답이 없어요. "보살은 마땅히 그렇게 그 마음을 항복받고 그렇게 머물러야된다"고만 설하셨지요. 그러니 『우바새계경』이 재가불자를 위한 『금강경』 해설서라고도 볼 수 있어요.

"보살이 생사계의 허물과 환난을 깊이 알면서도 기꺼이 머무는 것은 중생으로 하여금 안락의 이익을 받도록 하기 위함입니다. 보살이 해탈의 안락과 생사의 허물과 환난을 알면서도 기꺼이 머무니 이것이 보살의 불가사의입니다."

이 또한 해답이에요. 이 마음을 어떻게 머물고 어떻게 항복 받을까요? 바로 보살이 생사계의 허물과 환난을 깊이 알면서도 열반으로 가려는 마음을 항복받고 중생으로 하여금 안락과 이익을 받도록 하기 위해 머문다는 것이죠.

이렇게 '이 마음을 어떻게 항복받고 어떻게 머물러야 되겠습니까'에 대한 해답이 그대로 나오는 거예요. '발아누다라삼먁삼보리심자'가 저절로 되는 것이지요.

"선남자여, 중생들은 언제나 자기의 이로움을 구하지만 보살의 행위는 항상 남의 이로움을 구하니, 이것이 보살의 불가사의입니다. 선남자여, 보살 마하살에게도 번뇌는 있지만 원수에게나 친한 이에게나 평등하게 이익을 주니 이것이 보살의 불가사의입니다."

번뇌(탐내고 성내고 어리석고 교만하고 의심 많은 것)는 절대적으로 비워야 됩니다. 번뇌는 적을수록 좋은 거예요. 탐내는 대신 남들과 나누면 돼요. 번뇌를 비우고 『우바새계경』에 나오는 이 마음들로 가득 채우라는 거예요. 채웠어도 채웠다는 생각이 없으면 더 좋겠지요. 무상정등정각으로 가는 거니까.

"그렇게 하면 제가 손해만 보지 않을까요?" 묻는 분들도 있어요. 그런데 제가 해보니까 손해는 없어요. 제가 금생에 와서 가장 크게 깨달은 게 뭐냐면, 먼저 베풀면서 공덕을 쌓는 밑밥을 잔뜩 던져놓아야 미끼를 물고 들어온다는 거예요. 빈 낚시 바늘로 무엇을 낚을 수 있겠어요? 먼저 베푸는 것이야말로 보살도예요. 이것을 여러분들이 반드시 실천하신다면 좋겠어요.

다음 구절을 꼭 기억하고 실천해보세요.

"선남자여, 보살에게 네 가지 불가사의가 있습니다. 첫째는 사랑하고 소중히 아끼는 물건을 기꺼이 남에게 주는 것이고, 둘째는 모든 번뇌를 갖추고도 모든 나쁜 일을 참는 것이며, 셋째는 흩어지고 파괴하는 무리들을 화합하게 하는 것이고, 넷째는 임종 시에도 악을 보면 법을 설하여 고치게 하는 것입니다. 이것이 보살의 네 가지 불가사의입니다. 또 세 가지의 불가사의가 있습니다. 첫째는 모든 번뇌에 대해 자신의 잘못을 스스로 돌아보고 책망하는 것이고, 둘째는 번뇌 가운데 머무르면서 버리지 않는 것이며, 셋째는 비록 번뇌와 번뇌 업이 있지만 방일하지 않는 것이 니, 이것이 보살의 세 가지 불가사의입니다."

전에는 살인하고 악독한 짓하는 사람들 보면 욕이 저절로 나왔는데 요즘은 "아! 내가 욕을 할 게 아니지. 누군가가 대신 참회를 해야지. 저게 내가 참회할 일이다"하고 생각하니 아무리 악독한 사람을 봐도 미워하는 마음보다 안타깝고 불쌍한 마음이 들어요. 미워하는 마음으로는 해결되는 것이 없지요. 생각을 바꿔 그 마음을 헤아려 대신 참회하는 게 우리가 할 일이에요.

"또 세 가지의 불가사의가 있습니다. 첫째는 처음 보시하고자 할 때 환희와 즐거운 마음을 내는 것이고, 둘째는 보시할 때 남을 위하되 과보를 구하지 않는 것이며, 셋째는 보시를 하고 나서는 즐거운 마음을 갖되 후회하거나 한탄하지 않는 것이니, 이것이 보살의 세 가지 불가사의입니다.

선남자여, 보살 마하살이 이렇게 행을 할 때에는 스스로 마음을 살펴서 '나는 가명보살(이름만 보살)인가 실의보살(참다운 보살)인가?'라고 해야 할 것입니다. 중생이 이와 같은 일을 많이 한다면 그 사람이 바로 실의보살인 것을 알아야 합니다."

우리가 지금 참된 보살이 아니라고 실망할 필요는 없어요. 점차적으로 하다보면 되는 거잖아요. 얼마 전까지만 해도 저는 사형제도 찬성론자는 아니어도 반대론자도 아니었습니다. 그런데 지금은 사형제도를 반대해요. 사형으로 해결될 문제가 아님을 알게 됐거든요. 우리가 대신 참회를 해서 그분들이 금생에 그 업을 전부 털고 가도록 도와주겠다는 마음이 필요해요. 교도소 법회를 25년 다니다 보니, 우리가 대신 참회를 하고 대신 복덕을 지어주는 게 필요하다는 생각을 합니다. 부처님 가르침을 열심히 공부하고 기도하는 불자로 살아왔다면, 이제는 스스로 가명보살에 가까운지 실의보살에 가까운지 생각해보는 것은 어떨까요? 꼭 그런 불자가 되시기를 축원합니다.

입과 몸과 생각을 조심하는 실천만으로도 불교는 삶 속으로 들어옵니다.
어떠한 어려움이 닥치더라도 기도를 통해 운명을 바꾸고 극복할 수 있습니다.
고통이든 아픔이든 경제적인 어려움이던지 간에,
기도를 하다보면 의식수준 자체가 높아지고 많은 것들이 변화되지요.

제12강 | 자리이타품 · 자타장엄품

남도 이롭고 나도 이로운
'자리이타' 실현하는 구체적 방안 제시

이번 강설은 『우바새계경』 제10품 〈자리이타품〉, 제11품 〈자타장엄품〉으로 이어가겠습니다. 여러분, 보살도는 자리이타와 다르지 않습니다. 나도 이롭고 남도 이롭게 하는 것이니까요. 그렇다면 어떻게 자리이타를 실천해야 하는지가 중요하겠지요? 부처님께서는 『우바새계경』에서 이 역시 아주 구체적으로 설하시며 또 강조하십니다. 다음을 봅시다.

"선남자여, 보살의 신근信根이란 이미 자기를 이롭게 하고 또 남을 이롭게 하는 것입니다. 스스로의 이익이라는 것은 참된 것이 아니고 남을 이롭게 하는 것입니다. 스스로의 이익이라는 것은 참된 것이 아니고 남을 이롭게 하는 것이 곧 자리自利라 할 것입니다. 보살은 성문, 연각이 보리로 중생을 교화하나 중생이 받지 않으면 천상, 인간의 세속 즐거움으로 가르치니 이것을 이타利他라고 하는데 이타가 곧 자리임을 알고 있습니다. 보살이 나와 남의 이익을 함께 하지 못하고 오직 나의 이익만을 구한다면 이것은 하품下品입니다. 이러한 보살은 법재 가운데 탐욕과 집착하는 마음을 내기 때문입니다. 그러므로 스스로도 이익되지 못하게 하는 것입니다."

자리이타에 대한 가르침이 아주 명확하게 나와 있지요? 남을 이롭게 하지 못한다면 스스로도 이익되지 못한다는 것, 대단히 중요하며 재가불자들이 반드시 유념해야 할 대목이에요.

"선남자여, 보살 마하살이 하나의 법을 갖추면 이익을 함께 갖추니, 방일하지 않음不放逸을 말하는 것입니다."

부처님께서 열반에 드시기 전에 "쉬지 않으면 마침내 이루어지리라"고 말씀 하셨습니다. 불방일不放逸, 방심하지 말고 열심히 될 때까지 하라는 뜻입니다. 밥 한술에 배부를 수는 없습니다. 끊임없이 노력하고 닦아나가야 해요.

"또 두 가지 법이 자신과 남을 이롭게 하니, 첫째는 다문이고, 둘째는 사유입니다. 또 세 가지 법이 자신과 남을 이롭게 하니, 첫째는 중생을 가엾게 여기는 마음이고, 둘째는 부지런히 정진하는 것이며, 셋째는 염심(불·법·승·계율·보시·천상을 꾸준히 마음에 새기는 것)을 갖추는 것입니다. 또 네 가지 법이 자신과 남을 이롭게 하니, 사위의(행주좌와–불자로서의 태도를 잘 지님)를 말하는 것입니다."

다문, 많이 읽는 것에는 많이 듣는 것도 포함이 됩니다. '무상심심미묘법 아금견문득수지' 보고 듣고 지니는 것이 굉장히 중요한 것이죠. 자신과 남을 이롭게 하는 것이 자리이타 보살도라고 누누이 말씀하시잖아요.

부처님 재세시 상수제자 사리불 존자와 목건련 존자는 원래 산자야라는 분의 제자였어요. 그런데 아사지라는 부처님 제자의 탁발을 하며 걷는 모습을 보고 깊이 감화되어 따라갔다고 합니다. 탁발이 끝나고 물었지요. "당신은 누구의 가르침을 받기에 걷는 모습 하나하나가 거룩한가요? 그분은 무엇을 가르치시는지요?"
대답은 바로 부처님의 연기법이었죠. 답을 듣는 순간 사리불 존자는 반견성을 하게 됩니다. 그리고 바로 제자 250명을 데리고 목건련 존자와 함께 부처님께 가 상수제자가 되었어요. 사리불 존자가 평생 동안 아사지 존자가 있는 쪽으로는 발을 두지 않고 항상 존경의 뜻을 보였대요. 덕분에 부처님을 만난데 대한 깊은 감사의 표현이지요.

"또 다섯 가지 법이 자신과 남을 이롭게 하니, 첫째는 신근(불법승 삼보와 고집멸도에 대한 믿음의 뿌리)이고, 두 번째는 지계이며, 셋째는 다문이고, 넷째는 보시이며, 다섯째는 지혜입니다. 또 여섯 가지 법이 자신과 남을 이롭게 하니, 바로 육념(불·법·승·계율·보시·천상을 생각함)입니다."

부처님 말씀이 아무리 많이 있어도 딱 줄이면 복福과 지智, 즉 복덕과 지혜입니다. 모든 말씀이 이 두 가지로 귀결되는 거예요. 복을 짓고 지혜를 연마하는 것을 통해서 우리가 보살이 되는 거예요. 그죠?

수행자의 수준을 나타내는 차제가 있어요. 첫 번째 학도學道는 도를 배우는것. 두 번째 견도見道는 도를 아는 단계입니다. 무척 높은 단계죠. 세 번째 수도修道는 본격적으로 도를 닦아나가는 단계, 네 번째 증도證道는 도를 증득하는 단계, 여기서 깨달은 뒤 나 혼자만 누리는 게 아니라 다섯째 전도傳道로 이어져야 합니다. 전도, 이웃들에게 법을 전하지 않으면 소승외도로 보살이 될 수 없어요.

부처님께서 제자들에게 전도선언을 하시며 "처음도 좋고 중간도 좋고 끝도 좋도록 모든 중생들에게 법을 전하라. 사람과 천상 신들의 행복을 위해서 떠나라"고 하셨죠. 바로 이것이 마지막 여섯 번째 성도成道를 위해 나아갈 길입니다.

『우바새계경』에는 불가사의란 말이 굉장히 많이 나옵니다. 세상에서 제일 불가사의한 것이 인간들의 운명이 정해져 있다는 것이겠지요. 정말 한 치도 안 벗어나고 그대로 사는 거예요. 바꾸는 방법은 기도 밖에 없어요. 불교가 대법, 우주의 가장 큰 진리란 것을, 저를 찾아오는 사람들의 운명을 보고 상담하면서 진정으로 깨달았습니다. 모두 알다시피 저는 스님이자 불교학 박사입니다. 그런데 3만 명에 달하는 사람들을 상담해주면서 불교야말로 우주의 진리를 품고 있는 종교란 것을 새삼스레 알게 되었어요.

범부 중생은 정해진 운명에서 한 치도 벗어나지 못하는데 부처님 말씀을 보고 듣고 지니면서 부처님께 기도하면 그 운명이 바뀌는 거예요. 정해진 운명도 바꿀 수 있다는 것을 우리 안심정사 신도들이, 불자들이 증명해 준 셈이죠.

대부분 사람들이 운명대로 사는 이유는 운명의 장애(번뇌장, 업장, 보장)가 성격과 습관과 환경에 따라 그대로 가기 때문입니다. 모든 것을 간절하게 원을 세워서 기도하면 이것을 바꿀 수 있는 것이죠. 많은 사람들이 "정말 운명을 바꿀 수 있냐"고 묻고 또 물어요. 지면을 빌어 거듭 대답하자면 "기도를 하세요. 정말 바꿀 수 있습니다."

 부처님 법을 통해 보살심을 내고 범부중생이 보살로 나아가기 때문에 가능한 거예요. 내가 정말 간절하게 원하고 '지장보살'을 염하면 지장보살님이 그 위신력으로 나와 하나가 되어 내 운명을 바꿔주시니까 가능한 거예요. 많은 분들이 왜 '지장기도'를 권하는지 물어요. 지장기도는 바로 '멸 정업'이기 때문입니다. 『지장경』은 업에 대한 말씀이에요. 내가 지은 업 말입니다. 남편 때문에 힘들고 고통스러운 줄 알았는데 알고 보니 내 운명이 저런 남편을 만나게 되어있었던 거죠. 누가 가해자고 누가 피해자인지 구분이 될 수가 없지요. 그저 자기 운명에 정확하게 맞는 사람들을 만나게 되는 것입니다.

 가족은 한 배에 탔기 때문에 한 사람이 어려우면 다 같이 어려워져요. 잘나가는 집도 한 사람 잘나가면 다 잘나가죠? 마찬가지 논리로 한 사람만 기도를 시작하면 아무리 어려워도 다 좋아질 수 있어요. 재가불자를 위한 이 좋은 가르침을 외면한 채 "비워라, 놓아라" 하면 안 돼요. 믿음의 뿌리를 완벽하게 내리고 진실로 믿고 간절하게 바라는 것이 가장 중요합니다. 여기에 『우바새계경』이 정말 큰 도움이 되리라 믿습니다.

"선남자여, 보살 마하살은 네 가지 법을 갖추고 있습니다. 받는 것과 베푸는 것, 외우는 것과 가르치는 것으로 이것을 자리이타라고 합니다. 보살이 중생을 위하여 법계의 깊은 뜻을 설하고자 하면 먼저 세간의 법을 설한 연후에 깊은 법계를 설해야 합니다. 왜냐하면, 쉽게 교화하기 위함입니다. 보살 마하살은 모든 중생의 마음을 보호해야 합니다. 보호하지 않는다면 일체 중생을 조복할 수 없습니다. 보살은 자신의 몸도 역시 보호해야 합니다. 보호하지 않으면 역시 중생을 조복하지 못합니다. 보살은 몸과 목숨과 재물을 탐하여 위하지 않습니다. 몸과 목숨과 재물을 지키는 것은 모두 중생들을 조복하기 위한 것이기 때문입니다."

받을 줄 알고 베풀 줄 아는 것은 굉장히 중요합니다. 베푸는 것만 보살도가 아니라 받는 것도 보살도라는 거예요. 받는 것과 베푸는 것은 물질적인 것이고 외우는 것과 가르치는 것은 법공양과 관련된 거예요. 우리가 재시와 법시를 잘 하는 것도 자리이타라고 할 수 있겠네요. 쉽게 교화하기 위해서는 세간의 법을 설한 이후에 깊은 법계를 설해야 한다고 하네요. 또 중생의 마음을 보호해야 하며 자신의 몸도 보호해야 중생을 조복할 수 있다고 해요. 굉장히 현실적인 가르침이지요? 보살이 몸과 목숨과 재물을 지키는 것은 모든 중생들을 조복하기 위한 것이기에 유념해야 할 필요가 있습니다.

다음은 제11품 〈자타장엄품〉입니다.

"세존이시여, 보살 마하살이 자신과 남을 이롭게 하기 위해서 몇 가지 법을 갖추어야 합니까?"

"선남자여, 여덟 가지를 갖추어야 자신과 남을 이롭게 할 수 있습니다. 첫 번째는 긴 수명이고, 두 번째는 뛰어난 외모를 갖춘 것이며, 셋째는 커다란 힘을 갖는 것이고, 넷째는 높은 신분을 갖춘 것이며, 다섯째는 재산이 많은 것이고, 여섯째는 남자의 몸을 갖는 것이며, 일곱째는 언변이 분명함이고, 여덟째는 대중을 두려워하지 않는 것입니다."

부처님께서 설하신 이 여덟가지가 바로 재가 8법입니다. 재가불자가 자리이타를 하기 위한 여덟 가지 조건인 셈이지요. 대단히 현실적인 조건이지만 범부중생을 교화하기 위한 조건이라는 점에서 고개가 끄덕여지는 측면이 있어요. 이 재가 8법을 자신과 늘 대조해서 갖추도록 노력하면 나도 좋고 중생도 좋아요. 잘 숙지해 두시길 바라요.

"선남자여, 보살이 긴 수명을 구하는 까닭은 중생으로 하여금 죽이지 않는 것을 찬탄케 하고자 함입니다. 보살이 뛰어난 외모를 구하는 까닭은 중생이 보고서 기뻐하게 하고자 함입니다. 보살이 높은 신분을 구하는 까닭은 중생으로 하여금 공경심을 내게 하기 위함입니다. 보살이 구족함을 구하는 까닭은 지계와 송경과 좌선을 하기 위함입니다. 보살이 많은 재보를 구하는 까닭은 모든 중생을 조복하고자 하기 때문입니다. 보살이 남자의 몸을 구하는 까닭은 그릇을 이루어서 선법을 성취하고자 하기 때문입니다. 보살이 명료한 언변을 구하는 까닭은 모든 중생이 법어를 잘 받게 하는 위함입니다. 보살이 대중을 무서워 않음을 구하는 까닭은 진실한 법을 분별하고자 하기 때문입니다."

그렇다면 어떻게 이 재가 8법을 갖출 수 있을까요? 이 또한 경전에 나옵니다.

"세존이시여, 어떠한 인연으로 보살은 이러한 여덟 가지를 갖추게 됩니까?"

"선남자여, 보살 마하살이 셀 수 없이 많은 세상에서 인자한 마음으로 살생하지 않은 인연으로 긴 수명을 얻은 것이고, 셀 수 없이 많은 세상에서 언제나 옷과 등불을 보시한 인연으로 뛰어난 외모를 얻은 것이며, 셀 수 없이 많은 세상에서 항상 교만한 마음을 없앤 인연으로 높은 신분으로 태어난 것이고, 셀 수 없이 많은 세상에서 항상 음식을 보시한 인연으로 몸에 힘을 갖춘 것이며, 셀 수 없이 많은 세상에서 항상 설법하는 것을 좋아한 인연으로 재보가 많은 것이며, 셀 수 없이 많은 세상에서 여자의 몸을 싫어한 인연으로 남자의 몸을 얻으며, 셀 수 없이 많은 세상에서 지극한 마음으로 계율을 지켰던 인연으로 언변이 분명하고, 셀 수 없이 많은 세상에서 삼보에 공양한 인연으로 대중을 두려워하지 않는 것입니다."

여러분, 일주일에 하루 정도는 음주·가무·식육을 멀리해보세요. 특히 식육은 줄일수록 좋은 거예요. 완전히 육식을 끊고 채식을 하면 가장 좋지만 힘들다면 줄이세요. 연기법에 따라 언젠가는 내 살을 제공해야 할 때를 생각하며 줄여보세요. 우리보다 뛰어나고 힘 센 동물이 와서 우리 자식들을 보며 "어리니까 살이 유들유들하고 좋네, 뱃살이 더 맛있고 등살도 맛있겠다"고 한다면 어떨까요? 너무나 끔찍하지 않나요? 셀 수 없이 많은 세상에서 살생하지 않고 보시하며 마음을 다스리고 계율을 지키며 삼보를 공양한다면 이 재가 8법을 갖출 수 있습니다.

이번 생에 이 같은 법을 만나 공부할 수 있다는 것이 얼마나 감사하고 행복한 일이에요. 공부로 끝내지 말고 반드시 실천에 옮겨보세요. 다시 『우바새계경』으로 돌아갑시다.

"이와 같은 여덟 가지에는 세 가지 인연이 있습니다. 첫째는 보시한 물건이 청정한 것이고(물정), 둘째는 보시하는 마음이 청정한 것이며(심정), 셋째는 보시를 받는 복전이 청정한 것입니다(복전정). 물건이 청정하다는 것은 도둑질한 물건이 아니고 성인이 금하는 물건이 아니며 대중의 공용물이 아니고 삼보의 물건이 아니며 한 사람에게 준 것이 많은 사람에게 돌려 준 것이 아니고 많은 사람에게 준 것을 한 사람에게 돌려준 것이 아니며 남을 괴롭혀서 얻은 것이 아니고 남을 속여서 얻은 것이 아니며 사기하여 얻은 것이 아니면, 물건이 청정한 것이라고 합니다. 마음이 청정하다는 것은 베풀 때에 생사의 좋은 과보를 위한 것이 아니고, 다른 사람보다 뛰어난 명예를 위해서가 아니며, 건강과 재물을 얻기 위한 것이 아니고, 가문의 때를 끊이지 않게 하기 위해서가 아니며, 권속이 많고 넉넉하기를 위해서가 아니고, 오직 보리의 장엄을 위해서만 보시하며 중생을 조복하고자 베풀면, 마음이 청정한 것입니다. 복전이 청정하다는 것은 보시를 받는 사람으로서 팔사(팔정도의 반대)를 멀리 여읜 것을 복전이 청정하다고 합니다. 이와 같은 세 인연으로 팔법을 갖춥니다."

『우바새계경』의 가르침은 재가불자를 위한 것이기에 이처럼 구체적이고 자세합니다. 물정과 심정, 복전정의 기준에 대해서도 명확하게 규정해 놓았어요. 이에 근거해 『우바새계경』에 담긴 부처님 가르침을 실천하면서 자신의 마음과 행위를 점검해 보세요.

이를 통해 재가 8법을 갖추면 여러분은 흔들리지 않는 보살, 즉 부동보살의 단계로 나아가야 합니다. 부동보살에게는 어떤 인연이 있는지 살펴봅시다.

"선남자여, 부동보살에게는 다섯 가지 인연이 있습니다. 첫째는 선법 닦기를 좋아하는 것이고, 둘째는 선과 악을 분별하는 것이며, 셋째는 정법을 가까이 하는 것이고, 넷째는 중생을 연민하는 것이여, 다섯째는 언제나 숙명을 아는 것입니다."

여러분이 이런 부분들을 자세히 읽고 한 단계 한 단계 보살로 나아가는 실천행을 쌓아야 합니다. 이런 좋은 인연을 만났을 때 여러분들이 최선을 다해 복덕과 지혜를 연마해야 하는 것이지요. 그리하여 금생에 윤회를 끝내고 극락세계에 갔다가 다시 보살로 오셔서 중생들을 많이 구제하는 인연이 되길 바랍니다. 아미타불.

제13강 | 섭취품

'사섭법', 가족과 이웃 포교하는 가장 효과적이고 중요한 방법

여러분들이 잘 아시는 대로 끌어들여서 갖는 것을 섭취라고 합니다. 재가불자든 출가불자든 간에 가장 중요한 것이 포교와 전법(법을 전하는 것)인데, 『우바새계경』 제13품 〈섭취품〉은 포교 방법 중에서도 사섭법을 설한 법문입니다.

선생이 세존께 여쭈었다. "세존이시여, 보살이 두 장엄(복덕과 지혜)을 갖추고 나서 어떻게 사람들과 제자들을 가르칩니까?"
"선남자여, 마땅히 사섭법으로써 거두고 제도하여 모든 악을 여의고 선법을 더하게 하여야 합니다. 지극한 마음으로 가르치기를 마치 외아들에게 하는 것처럼 은혜 갚기를 구하지 않고, 명예를 위한 것도 아니며, 이익을 위해서도 아니고, 스스로의 즐거움을 구하는 것도 아니어야 합니다."

부처님 법을 배우고 기도하고 육바라밀을 실천하여 복덕과 지혜를 갖춘 이후에, 남들도 나와 똑같은 불자로 만들어주려면 어떻게 사람들을 가르치고 전하는지에 대한 질문과 답입니다. 사섭법은 여러분들이 가족을 포교하고 이웃을 포교하는 가장 중요한 방법으로 부처님께서 불자들에게 가르쳐주신 내용입니다. 사섭법은 바로 보시섭, 애어섭, 이행섭, 동사섭입니다. 모두 복덕과 지혜를 다 갖춘 불자가 할 수 있는 일들이지요.

『우바새계경』을 공부한 여러분들은 이제 복덕과 지혜를 갖춘 사람으로서 실천이 중요해요. 하나하나 살펴봅시다.

우선 보시섭은 나누는 것입니다. 나눔 가운데 가장 소중한 것이 부처님법이지요? 그런데 한국에서는 부처님법을 전하려는 노력에 참 인색해요. 막상 인터넷 들어가면 불교교리나 경전 구절, 강설 등의 자료도 복사하거나 가져다 쓸 수가 없어요. 제 글과 법문을 자신의 글로 바꿔놓고서는 활용할 수 없도록 막아놓기도 해요. 저작권 때문이죠. 반면에 대만에서는 스님들이『대정신수대장경』을 전부 돈 들여 입력시켜서 인터넷을 통해 전세계에 유포했어요. 그렇게 해야 불교가 퍼지고 발전되는 거예요.

　부처님은 우리가 불자 하나 만들기 위해서 '지극한 마음으로' 정성을 쏟아야한다고 설하셨습니다. 그런데 오늘날 한국 불교는 이런 노력이 부족하다고 보여집니다. 사찰에 가서 질문을 해도 정성어린 답을 듣기가 힘들어요. 질문하는데 주눅이 들다보면 벙어리 냉가슴 앓는 격이 되지요. '지극한 마음으로 외아들을 가르치는 것처럼' 불교의 좋은 지식을 자꾸 공유하고 가르쳐 불자로 만들기 위한 노력이 필요해요.
　잘 기억했다가 한사람, 한사람, 가족과 친구들과 불교 이야기도 나누고 모르는 것은 서로 알려주면서 실천해 보세요. 불자라고 다 아는 것 같아도 모르는 것이 많아요. 저도 세세생생 중노릇하면서도 몰라서 공부하고 또 공부하고 또 공부합니다. 불교의 좋은 가르침과 지식을 자꾸 공유하고 나누는 마음을 가져야 해요. 그것도 지극정성으로 말이죠.

　과거에는 우리가 부모를 지극정성으로 모셨는데 요즘은 자녀를 지극정성으로 키우죠? 자식 아프면 열일 제쳐두고 병원에 가면서 부모님이 편찮으시다고 하면 "내일 날 밝으면 병원 갑시다" 하지 않나요? 외아들이면 더하죠. 그래서 이 글귀가 참 와닿을 것 같아요.

'그 마음이 외아들에게 은혜 갚기를 구하지 않고.' 그렇죠? 우리 불자들이 이런 마음을 가지고 부처님 가르침을 실천하다보면 성공하지 말라고 해도 성공한다니까요.

"사섭법으로써 거두고 제도하여 모든 악을 여의고 선법을 더 하게 하여야 합니다. 명예를 위한 것도 아니며, 이익을 위해서도 아니고, 스스로의 즐거움을 구하는 것도 아니어야 합니다."

이미 여러분들은 『우바새계경』을 공부하면서 복덕과 지혜를 장엄한 보살이 되기 위해 불자가 되었으니 이런 마음으로 실천 하시길 바라요. 어느 불자가 "역사 공부를 하다 보니 불교를 믿는 게 얼마나 소중하고 좋은지 알게 됐습니다"하고 글을 올렸더라구요. 불교는 종교전쟁이 없었다는 사실을 알았대요.

또 다른 불자는 질문을 해왔습니다. 다니는 사찰마다 공부할 것이 다르니 무엇을 해야할지 모르겠다는 거예요. 어느 스님은 『금강경』만 하면 된다, 어느 스님은 『법화경』만 하면 된다, 어느 분은 '이뭣고'만 하면 된다, 어느 분은 '신묘장구대다라니'만 하면 된다고 하시니 헷갈리는 거죠. '신묘장구대다라니' 염송하다가 『금강경』한 독 해야 되고 지장보살 부르다가 아미타불 불러야 되는데 관세음보살은 어떻게 할까, 또 능엄주는 어떡하나 싶은 겁니다.

한국 불교의 현주소예요. 체계적으로 가르쳐야 되는데 자기가 해서 좋은 것이 있으면 그것만 시키는 거죠.

예를 들어보겠습니다. 중국에 어떤 농부가 일 나가다가 보니까 큰 나무 밑에 토끼 한 마리가 정신없이 뛰다가 나무에 부딪쳐서 죽어있는 거예요. 고기 구경하기도 힘든 옛날이니 뜻밖의 횡재인 셈이죠. 그때부터 이 농부는 매일 일 안하고 그 나무만 지키고 앉아, 토끼가 또 와서 부딪쳐 죽기를 기다립니다. 어떻습니까? 이렇게 하는 것이 맞다고 보시나요?

만약 지장보살 신앙으로 다 된다면 관세음보살 신앙이나 아미타불 신앙이나 약사여래불 신앙은 나오지 않았을 거예요. 필요가 없잖아요. 사람마다 근기마다 다 다른 방향이 있음을 알아야 합니다.

다음은 불교를 올바르게 전달하는 방법을 명시하고 있습니다.

> "선남자여, 보살이 이와 같이 하지 않고 제자를 기른다면, 그건 폐악인이고 가짜 보살이며 옳은 보살이 아닙니다. 이런 사람을 시방의 모든 부처님께서는 어여삐 여기지 않습니다. 선남자여, 보살은 때에 따라서 계를 가르쳐야 하니, 때라는 것은 탐내고 성내고 어리석은 때를 말하는 것입니다. 탐욕을 일으켰을 때에는 갖가지 다스리는 법을 설하여 탐욕을 없애게 해야 합니다.

나머지 두 때에도 역시 그렇게 하여야 합니다."

한 중생을 아름다운 극락세계로 인도하기 위해서는 은혜 갚기를 구하지 않고, 명예를 구하지 않고, 이익을 위하지 않고, 스스로의 즐거움을 구하지 않고 오직 그 중생을 구제하기 위한 지극한 마음이 반드시 필요합니다. 탐내고 성내고 어리석은 순간이 그러한 실천이 필요한 때입니다.

"선남자여, 차라리 악계惡戒를 받아서 하루 동안에 한량없는 목숨을 죽일지언정, 나쁘고 악한 제자를 가르치면서 조복하지 못하는 일은 하지 않아야 합이다. 왜냐하면 선남자여, 이것은 악한 율의律義라서 재앙이 자신에게 미치기 때문입니다. 악한 제자를 길러서 선하게 가르치지 못한다면 이는 셀 수 없이 많은 중생으로 하여금 악을 짓게 하는 것이고 셀 수 없이 많은 선하고 훌륭한 법을 비방하는 것이며 승가의 화합을 파괴하여 많은 중생으로 하여금 오무간 지옥에 떨어질 악행을 짓게 하는 것이므로 악율의 죄보다 심한 것입니다"

굉장히 중요한 부분이에요. 중국의 정토종 13대 조사인 인광 대사는 제자를 받지 않았다고 합니다. 이유는 제자를 잘못 기르면 그 업을 다 받아야 하기 때문이라고 합니다. 나쁘고 악한 제자를 가르치는 업을 중대히 생각한 것이죠. 요즘 스님들이 특히 유념해야 할 대목입니다.

제가 1990년대에 스님 셋과 함께 타이베이를 갔는데 어디서 뭘 먹어야 할지 몰라서 국수집에 들어갔어요. 그런데 주인이 들어오지 말라는 거예요. 중국어를 못 알아들어서 손님으로 온 젊은이한테 영어로 물어보니까 '스님들은 만卍자 표시가 있는 소식 채식이라고 적힌 식당만 들어갈 수 있습니다. 여기는 스님이 들어올 수 있는 식당이 아닙니다'라고 안내를 하더라구요.

날은 어둑어둑해지고 그런 식당을 찾을 수가 없으니 다른 건 안 먹고 면만 먹을테니 팔 수 있겠냐 했더니 그건 해주겠다는 거예요. 그 다음부터는 식사시간이 가까워지면 채식식당이 있는지부터 찾게 되더라고요. 근처에 채식식당이 없으면 굶어야 돼요. 팔지를 않으니까요. 대만 불자들, 중국 불자들은 스님에게 고기를 팔지 않아요. 자기가 운영하는 식당이 고기를 취급하면 스님들이 들어오지 못하게 막아요.

스님들에게 고기를 올리면 자기가 무간지옥을 간다는 거예요! 어떻습니까? 한국 불교가 바로서기 위해서는 이런 인식이 널리 퍼져야 해요. 그전에 스님들도 스스로를 돌아보고 계율대로 살아야 하고요.

'나쁘고 악한 제자를 기르면서 조복하지 못하는 일은 하지 않아야 합니다.'

"선남자여, 출가보살에게 재가제자가 있으면 또한 방일하지 않는 법을 먼저 가르쳐야 합니다. 방일하지 않는 것은 바로 법행(법다운 행)이니, 부모와 모든 스승과 화상과 연륜이 있는 이와 덕이 있는 어른을 공양하고 안락하게 해야 합니다."

세 가지 복밭 중 공경전을 말하지요. 여러분들은 누가 뭐라고 하더라도 부모와 모든 스승과 화상과 연륜이 있는 이와 덕이 있는 어른을 공양하고 안락하게 해야 합니다. 저는 우리 불자들을 보면서 자랑스러운 부분이 있어요. 예전에 부산에서 어느 불자가 말하기를, 형제들이 제사를 안 지내겠다고 해서 막내인 본인이 지내기로 했대요. 얼마나 착하고 훌륭해요? 부모와 스승, 연륜있는 이와 덕이 있는 어른을 공경하라는 부처님 가르침을 이미 일상에서 실천하고 있잖아요?

'신토불이'라는 노래 아시지요? '신토불이'는 원래 불교용어예요. '부처님의 몸과 국토가 하나다'는 뜻입니다. 석가모니 부처님이 곧 우주 자체이고, 우주가 바로 석가모니 부처님인 것이지요. 여러분들이 불성을 지녔다는 것은 부처님과 한 몸이라는 거예요. 우리 몸이 머리 세포가 있고 발가락 세포도 있고 수많은 세포들로 구성되어 있는 것처럼 우주인 부처님도 같아요. 여러분 모두가 부처님 몸을 구성하는 세포인 것이죠. 여러분들이 병이 나면 부처님도 아프세요. '동체대비'입니다. 우리는 다 자기가 잘난 줄 알지만 우리 모두가 우주를, 부처님을 이루고 있는 하나의 세포라고 생각해 보면 어떨까요? 생각이 완전히 달라지지 않을까요?

"부처님! 저 여기 가려워요"하면서 기도하면 긁어주시잖아요. 당신 몸이니까 긁어주시는 거예요. 당신 몸이니까 당신이 가려우신거죠. 여러분들과 부처님이 둘이 아니라고 할 때는 이런 의미가 담겨있는 겁니다.

그런데 여러분들은 본인이 부처님인데 어디에 붙어있는 세포인지 모르니까 헷갈리고 있다는 거예요. 이것을 바로 보는 것이 '명심견성'입니다. 마음을 밝혀 자기 본연의 불성을 보는 것이죠. 불교에서는 무지가 최고로 무서운 것이라고 하지요? 자기 자신이 곧 부처님임을 모르는 것도 무지입니다.

전생에 무량공덕을 지어 인간의 몸으로 태어났고 부처님 법을 만났으니 열심히 살아봐요. 이런 좋은 기회를 통해 열심히 '은혜 갚기를 구하지 않고, 명예를 구하지 않고, 이익을 위하지 않고, 스스로의 즐거움을 구하지 않고, 자랑하지 않고 지극한 정성으로' 주위 사람들에게 불교를 전하고 불자로 만드는 역할을 해야 합니다. 여러분들이 『지장경』이나 『우바새계경』 한 권씩만 가방에 넣어줘도 불연을 맺도록 하는 거예요.

이 좋은 인연으로 불법을 만났으니 금생에 최대한 육바라밀을 다 갖춘 보살이 되시길 축원합니다.

여러분, 일주일에 하루 정도는 음주·가무·식육을 멀리해보세요.
특히 식육은 줄일수록 좋은 거예요.
완전히 육식을 끊고 채식을 하면 가장 좋지만 힘들다면 줄이세요.
연기법에 따라 언젠가는 내 살을 제공해야 할 때를 생각하며 줄여보세요.
우리보다 뛰어나고 힘 센 동물이 와서 우리 자식들을 보며
"어리니까 살이 유들유들하고 좋네,
뱃살이 더 맛있고 등살도 맛있겠다"고 한다면 어떨까요?

제14강 | 수계품

평생 오계 지킨 공덕보다
하루 우바새계 지킨 공덕이 더 커

지난 『우바새계경』 강설에서 배운 〈섭취품〉은 사섭법으로 지인들을 거두고 제도해서 불자가 되도록 이끌어야 한다는 내용이었습니다. 그러면 이후에는 무엇을 해야 할까요? 계를 받아야지요. 제14품 〈수계품〉에 이를 위한 가르침이 담겨있습니다.

선생이 세존께 여쭈었다. "세존이시여, 어떻게 하면 재가보살이 우바새계優婆塞戒를 받을 수 있나이까?" "선남자여, 재가보살이 우바새계를 받고자 하면 먼저 육방인 동방과 남방과 서방과 북방과 하방과 상방에 차례로 공양하여야 합니다. 동방이란 곧 부모이니, 부모에게 의복, 음식, 이부자리, 탕약, 집, 재보로 공

양하고 공경, 예배, 찬탄, 존중한다면 이 사람은 곧 동방에 공양
하는 것입니다.

부처님께서는 우바새계를 받기 위해 행해야 할 첫 번째 가르침으로
부모를 지극히 위하는 마음을 설하셨습니다. 공양하는 방법과 마음
까지 매우 현실적으로 나와 있지요? 자식의 도리와 함께 부모의 역할
또한 설하셨습니다.

"부모는 다시 다섯 가지 일로써 보답하니, 첫째는 지극한 마음
으로 사랑하는 것이고, 둘째는 끝까지 속이지 않는 것이며, 셋째
는 재물을 주는 것이고, 넷째는 좋은 가문에 혼인시키는 것이며,
다섯째는 세상일을 가르치는 것입니다."

재가불자들을 위해 부처님은 부모, 자식 서로 간의 윤리를 이토록
현실적으로 알려주셨습니다. 미래사회를 유추하기 위한 방법 중 하나
가 지도자 집단이나 머리 좋은 집단을 조사하는 것입니다. 선도적 집
단이 사회를 이끌어 간다는 인식에서 출발한 거죠. 사회를 더 나은 세
상으로 이끄는 역할을 우리 불자들이 해야 합니다. 이를 위해 우리가
무엇을 해야 할까요? 바로 『우바새계경』에 그 답이 나와 있습니다. 부
처님은 재가불자를 위한 이 경전을 통해 부모와 자녀의 도리, 스승과

제자, 부부, 친구를 비롯한 다양한 인간관계는 물론, 세상을 바르게 살아가기 위한 마음가짐과 윤리, 도덕에 따른 실천지침을 설하셨습니다.

"남방이란 곧 스승이니, 스승에게 의복, 음식, 이부자리, 탕약을 공양하고 존중, 찬탄, 공경, 예배하여, 일찍 일어나고 늦게 누우면서 착한 가르침을 받아 행하면 이 사람은 곧 남방을 공양하는 것입니다. 스승은 또 다섯 가지 일로 보답하니, 첫째는 빨리 가르쳐서 때를 잃지 않게 하는 것이고, 둘째는 모두 가르쳐서 가르치지 않은 것이 없게 하는 것이며, 셋째는 자기보다 나아도 질투하지 않는 것이고, 넷째는 장래에 엄한 스승과 좋은 벗을 맡겨주는 것이며, 다섯째는 죽기 전에 자신의 재물을 주는 것입니다."

다음은 가족 간의 도리입니다.

"서방이란 곧 처자妻子이니, 사람이 처와 자식에게 의복, 음식, 이부자리, 탕약, 영락과 몸을 장식하는 것들을 주면 이 사람은 서방을 공양하는 것입니다. 처자는 또 열네 가지 일로 보답하니, 첫째는 마음을 다하여 대하는 것이고, 둘째는 언제나 태만하지 않게 일하며, 셋째는 일을 하면 끝까지 하여 마치게 하는 것이고, 넷째는 열심히 경작하여 때를 잃지 않게 하는 것이며, 다섯째는 항상 손님을 위하여 보살피는 것이고, 여섯째는 집안과 이부자리를 깨끗하게 하는 것이며, 일곱째는 사랑하고 존경하면서 말을 부드럽고 순하게 하는 것이고, 여덟째는 종이나 하인에게 부드러운 말로 가르치는 것이며, 아홉째는 재물을 잘 지키는 것이고, 열째는 새벽에 일찍 일어나고 밤에 늦게 자는 것이며, 열한째는 깨끗한 음식을 장만하는 것이고, 열둘째는 가르침을 받아들이는 것이며, 열셋째는 나쁜 일은 덮어 주는 것이고, 열넷째는 아플 때 잘 보살피는 것입니다."

어때요? 재가불자들의 삶에 이토록 근접한 가르침이 불교에 있는지 알고 계셨나요? 영락과 몸을 장식하는 것들, 요즘 말로 악세사리를 주라는 당부까지 있습니다. 아주 현실적이지요? 또 부처님께서는 부부간의 대화를 굉장히 중요시 하셨어요. 사랑하고 존경하며 서로 간에 말을 부드럽고 순하게 하라는 것, 대화의 중요성으로 볼 수 있겠지요? 굉장히 중요한 거예요. 이렇게만 산다면 가정이 곧 극락이지요. 내가 살아가는 현실 속에서 가장 소중하고 밀접한 관계를 맺는 가정을 극락으로 만드는 방법들을 자세하게 열거해주신 거예요.

출가자와 재가자의 관계도 있습니다.

"상방이란 곧 사문과 바라문 등이니, 사문과 바라문에게 의복, 음식, 집, 이부자리와 의약을 공양하고, 두려워 할 때 구원하며, 굶주리는 세상에서는 밥을 주고, 악한 것을 들으면 막으며, 예배, 공경, 존중, 찬탄하면 이 사람은 상방에 공양하는 것입니다. 이 출가인은 다섯 가지 일로서 갚으니, 첫째는 가르쳐서 믿음을 내게 하는 것이고, 둘째는 가르쳐서 지혜가 나게 하는 것이며, 셋째는 가르쳐서 보시를 하게 하는 것이고, 넷째는 가르쳐서 계를 지키게 하는 것이며, 다섯째는 가르쳐서 많이 듣게 하는 것입니다. 이 육방에 공양하면, 이 사람은 재물과 수명을 늘리고 우바새계를 받아 지닐 수 있습니다."

재가자의 공양에 대한 스님들의 의무를 부처님께서는 이토록 상세하게 설하셨지요. 재가불자를 다섯 가지로 가르쳐야 합니다. 믿음과 지혜, 보시와 지계, 다문. 보살도를 행하는데 다 필요한 것들입니다. 인식의 전환이 필요해요.

이를 알고 실천한다면 여러분은 우바새계를 받을 수 있는 자격을 갖춘 거예요. 현실적으로 삶속에서 실천하기에는 굉장히 어려워요. 실천하고자 하는 노력이 중요합니다. 현실과 이상은 항상 괴리감이 있기 마련이니까요. 그렇기에 부처님께서는 개인적인 실천을 넘어 현실적인 관계 속에서 그 가르침을 성취하는 방법과 절차까지 상세히 제시하셨습니다.

"선남자여, 우바새계를 받아 재물과 수명을 늘이고자 한다면 먼저 낳아주신 부모에게 여쭈어야 합니다. 부모가 허락하면 다음에 처자와 노비에게 알립니다. 이들이 들어주면 다음은 나라의 임금에게 사뢰고 국왕의 허락을 받으면 출가하여 보리심을 발한 이에게 가서 머리 숙여 절하고 공손히 문안하며 다음과 같이 말해야 합니다."

"비구:그대는 일찍이 불, 법, 승의 물건이나 남의 물건을 빚진 일이 있습니까?"

"수계자:네, 없습니다."

"비구:그대는 비구, 비구니에게 해를 끼친 적이 있습니까?"

"수계자:네, 없습니다."

"비구:그대는 장차 오역죄五逆罪를 짓지 않겠습니까?"

"수계자:네 짓지 않겠습니다."

"비구:그대는 일찍이 법을 훔친 적이 있습니까?"

"수계자:네, 없습니다."

다음은 대단히 중요한 대목이기 때문에 그대로 옮겨 보겠습니다. 우바새계를 받는다고 생각하고 진지하게 돌아보세요.

"비구:선남자여, 우바새계는 매우 어려운 것입니다. 사람이 삼보께 귀의했다면 이 사람은 곧 모든 중생에게 두려움을 없애 주는 것입니다. 두려움을 없애 준다면 이 사람은 곧 우바새계와 내지 아누다라삼먁삼보리를 얻을 것입니다. 그대는 이와 같이 모든 중생에게 두려움을 없애 주겠습니까?"

"비구:사람에게 다섯 가지 일이 현재에 있으면(오계) 재복과 수명을 늘어나게 할 수 없습니다. 그 다섯 가지란, 첫째는 살생을 좋아하는 것이고, 둘째는 도둑질을 좋아하는 것이며, 셋째는 사음이고, 넷째는 거짓말이며, 다섯째는 음주입니다."

불자라면 많이 본 내용이지요? 바로 오계입니다. 우리가 꼭 지키려고 노력을 해야 하지만 실천하지는 못하지 않나요? 모든 것을 한 번에 성취하기 보다 하나씩 지키면서 늘려가야 해요. 부처님은 "수계를 받았으니 죽어도 오계를 지켜야 한다"고 하지 않으셨어요. 일분(오계 중 하나)을 지키는 불자, 소분(오계중 두 세개)을 지키는 불자, 다분(오계중 네 개)을 지키는 불자, 원만하게 다섯가지를 다 지키는 불자 해서 네 종류로 얘기하셨지요. 여러 번 당부했지만 처음에는 지킬 수 있는 것을 정해서 이 하나만은 지켜야 되겠다는 마음가짐이 중요합니다.

『우바새계경』 강설을 보신 불자라면 불교의 기본적인 가르침이 인과에 있다는 것을 아시겠지요? 제가 그동안 약 3만 명에 가까운 불자들의 신행 상담을 하면서 느낀 것이 있어요. 부처님께서 여러 경전을 통해 불가사의하고 불가사의하다고 말씀하셨지만, 가장 불가사의한 것은 범부중생이 태어난 대로 산다는 것입니다. 누구든 예외 없이 인과법대로 정해진 운명대로 사는 것이 얼마나 불가사의합니까? 그 운명이 기도에 의해, 불보살님의 위신력으로 바뀌는 걸 보면서 불교가 범우주적인 종교이자 세상에서 가장 위대한 종교임을 알게 됐습니다.

우리가 가장 아름답고 뛰어난 부처님의 가르침을 전해 이웃의 삶을 극락으로 이어 주는 것은 정말 중요한 거예요.

"비구:선남자여, 우바새계를 받으면 먼저 세상일을 배우고, 배움에 통달하였거든 법대로 재물을 구해야 합니다. 재물을 구하였거든 마땅히 넷으로 나눠서, 첫째 부분은 부모와 자기의 몸과 처자 권속을 위해 공양하고, 둘째 부분은 법대로 판매販賣하고, 나머지 부분은 간직하였다가 필요할 때 써야 합니다. 그대는 이와 같은 네 가지 일을 하겠습니까?"

지난 강설에서 보셨지요? 바로 사분법이예요. 돈을 벌었으면 그 중 4분의 1은 부모와 자신과 가족들을 위해서 쓰라는 거죠. 그런데 못하는 사람 많아요. 2분의 1은 사업하는데 지속적으로 재투자하고 나머지 4분의 1은 저축을 하라고 부처님께서 가르쳐주셨지요. 2500년 전 네팔 촌구석에서 태어나 사셨는데 어떻게 이런 것을 다 아셨는지 참 불가사의한 일이죠.

"비구:선남자여, 재물을 맡겨 의지하거나 보관토록 부탁하지 않아야 할 곳이 네 곳이 있습니다. 첫째는 노인이고, 둘째는 먼 곳이며, 셋째는 악인이고, 넷째는 큰 힘이 있는 자입니다. 이와 같은 네 곳에는 기부하지(맡기지) 않아야 하니, 그대는 이렇게 하겠습니까?"

"수계자:네, 그렇게 하겠습니다."

"비구:선남자여, 우바새계를 받으면 네 가지 악인을 항상 멀리해야 하니, 첫째는 남의 허물 말하기를 좋아하는 자이고, 둘째는 삿된 소견 말하기를 좋아하는 자이며, 셋째는 입은 부드러우나 마음은 악한 자이고, 넷째는 조금하고 많이 했다고 말하는 자이니, 이 네 가지 악인을 그대는 여의겠습니까?"

부처님은 우리가 일상생활에서 일거수일투족을 어떻게 해야 한다는 것과 타인을 판단하는 기준까지 자세히 설명을 해주셨어요. 우바새계를 받으려면 이런 공부를 해서 알고 실천해야겠지요.

중국에서는 우바새계를 받으면, 자기 이름 앞에 우바새계 수계자임을 드러내 알린다고 합니다. 평생토록 오계를 지킨 것보다 하루 '우바새계'를 지킨 공덕이 더 크다는 인식에서 비롯된 것이지요. 그 정도로 대단한 계가 바로 우바새계입니다. 여러분들은 수계품을 반복적으로 공부하고 숙지해야 합니다. 스스로 보살의 위신력을 끊임없이 발휘하는 불자라는 사실을 먼저 자각하고 하나씩 하나씩 실천하다 보면 '어? 이 말이 맞네'하는 순간이 올거예요. 그런 불자가 되면 우리가 사는 이 세상을 더 나은 사회로, 불국토로 만들 수 있을 겁니다. 하실 수 있어요. 『우바새계경』 강설을 통해 이미 변화는 시작됐습니다.

지극한 마음으로, 명예를 구하지 않고, 이익을 구하지 않고, 스스로 기쁨을 구하지 않으면서, 외아들을 생각하는 것처럼 포교하는 불자가 되시기를 축원합니다.

부처님께서 여러 경전을 통해 불가사의하고 불가사의하다고 말씀하셨지만,
가장 불가사의한 것은 범부중생이 태어난 대로 산다는 것입니다.
누구든 예외 없이 인과법대로 정해진 운명대로 사는 것이 얼마나 불가사의합니까?
그 운명이 기도에 의해, 불보살님의 위신력으로 바뀌는 걸 보면서
불교가 범우주적인 종교이자 세상에서 가장 위대한 종교임을 알게 됐습니다.

제15강 | 정계품

불법승·인과 깊이 믿고
마음 알아야 청정한 계 지킬 수 있어

이번 강설에서는 제15품 〈정계품淨戒品〉에 대해 공부하겠습니다. 계율을 받은 후의 마음가짐과 행위에 대해 설하신 내용입니다.

    선생이 세존께 여쭈었다. "세존이시여, 이 같은 계를 받고 난 사람이 계를 청정히 하는 것은 어떤 것이 있습니까?"
    부처님께서 말씀하셨다. "선남자여, 세 가지 법으로 이 계를 청정하게 합니다. 첫째는 불, 법, 승을 믿는 것이고, 둘째는 인과를 깊이 믿는 것이며, 셋째는 마음을 아는 것입니다."

우리가 계율을 받았다는 것은 곧 이 계율을 통해 자신을 어떻게 정화하는지를 의미합니다. "부처님을 믿는다"는 것은 세 가지에 대한 믿음입니다. 첫 번째는 부처님, 두 번째는 부처님 말씀, 세 번째는 부처님 말씀에 따른 생활태도. 바로 바로 불·법·승입니다. 이 세 가지를 통해 불교를 믿는다고 표현하며, '정계' 즉 계를 지키고 맑게 한다고 합니다.

'심신인과'라는 말이 있지요. 인과라는 것은 선업이든 악업이든, 스스로 본인의 행동에 대한 대가를 받는다는 것입니다. 자신의 행동으로 인한 업은 반드시 자신에게 돌아온다는 것을 설명한 거예요.

티베트는 대단히 가난한 나라이지만 사람들은 희망이 있습니다. 인과법에 따라 이번 생에 선업을 쌓으면, 다음 생에는 현재보다 좋은 삶을 살 수 있다는 희망이죠. 반대로 금생에 아무리 풍족하더라도 잘못 살게 되면 희망이 없는 거예요.

인과를 깊이 믿는다는 것은 몸과 입과 뜻을 함부로 하지 않는다는 거예요. 어떤 경우엔 잘못된 행동을 하는 것으로, 당장의 이익을 취할 수 있다고 느껴져요. 바른 행동만 하는 것이 되레 손해라는 인식도 있습니다. 그러나 인과에 비추어 보면 전혀 그렇지 않아요. 이번 생뿐 아니라 '삼아승기겁'을 놓고 보면 선업을 쌓는 행위는 반드시 이익으로 돌아오기 때문입니다.

"또 네 가지 법이 있으니, 첫째는 인자한 마음慈心이고, 둘째는 가여워하는 마음悲心이며, 셋째는 탐욕이 없는 마음無貪心이고, 넷째는 은혜가 있지 않은 곳에 먼저 은혜를 베푸는 것입니다."

계율을 지키는 부분에 대한 내용입니다. 『우바새계경』은 추상적이고 원론적인 내용을 넘어서 구체적인 방법을 제시하고 있으니 참 멋진 경전이에요. 한국 불교의 정체성에 대해 고민하는 불자들에게 꼭 맞는 경전이죠.

제 지인 중에 서울대 상대를 나와서 대학생불교연합회 회장을 지낸 친구가 있어요. 무엇보다 불교를 사랑하는 마음이 굉장히 강해요. 그런데 항상 "한국 불교는 정말 헷갈린다"고 해요. 신앙을 해서 목표가 성취되는 것도 아니고 평생 수행을 해도 성취한 바가 없다는 점에서 회의감이 든다는 말이에요. 종교임에도 신앙에 따른 결과가 없다는 겁니다. 굉장히 고민을 하더라구요. 그래서 제가 "그렇지 않다"고 설명을 했지요. 많은 불자들이 이런 고민을 해요.

안심정사 서울도량에서도 한 불자가 어떤 불교를 할 것인지 고민하더라구요. 많은 분들이 '불립문자'를 주장하지만 더 중요한 것이 있어요. 바로 '정립문자'에 대한 인식입니다. 부처님이 뭐라고 말씀하셨는지를 정확하게 배우고 인식하는 것이 바로 정립문자이기 때문이에요.

하다못해 술을 마시라고 했는지 마시면 안된다고 했는지를 알아야 실천할 수 있지 않겠어요? 계율을 지키기 위해 어떻게 하라고 했는지를 알아야 되잖아요. 이런 것들이 『우바새계경』에 다 나와 있어요.

"또 다섯 가지 법이 있으니, 첫째는 먼저 원한이 있는 곳에서는 선善으로써 선을 더욱 늘리는 것이고, 둘째는 무서워하고 두려워하는 자를 보면 구하여 보호해 주는 것이며, 셋째는 구하는 자가 찾지 못하면 먼저 마음을 열어서 주는 것이고, 넷째는 보시하는 모든 곳이 평등하여 차이가 없는 것이며, 다섯째는 널리 모든 것을 사랑하여 인연에 의지하지 않는 것입니다. 또 세 가지법이 있으니, 첫째는 마음에 모든 중생에 대한 취착이 없는 것이고, 둘째는 중생에게 즐거움을 베풀되 그 마음이 평등한 것이며, 셋째는 말한 바대로 행동하는 것입니다."

처음에는 과연 실천할 수 있을까 싶어요. 그런데 열심히 읽고 배우다 보면 '가랑비에 옷 젖는지 모르 듯' 자연스레 실천으로 이어져 삶에 스며들게 됩니다. 그러면 자신도 모르는 사이에 부처님의 향기가 솟아날 수 있어요.

불교국가인 대만은 어려운 고비를 극복하고 지금에 이르렀습니다.

일본에서 해방된 후 장계석 총통은 불교를 탄압하고 기독교국가를 만들려고 했었죠. 오늘날까지도 대만에는 불교전문대학이 없어요. 대학 인가를 해주지 않아서요. 그런데 이런 어려운 상황 속에서도 대만불교는 무섭게 성장해 부처님오신날이 국경일로 지정된, 사실상의 불교국가가 됐습니다. 스님들의 노력이 있었기에 가능한 일이었지요.

그렇다면 스님들은 어떻게 했을까요? 대표적인 것이 탁발입니다. 또 말한 바대로 '지행합일'을 실천했어요. 계율을 철저히 지키고 부처님 가르침을 실천한 거죠. 이를 통해 스님들은 신도들로부터 믿음을 얻어 진정한 존경의 대상이 될 수 있었고 대만 불교의 성장으로 이어졌습니다.

현재의 한국 불교는 믿음에 대해 돌아봐야 합니다. 불자라고 해서 오계에 대해 철저한 인식을 가진 불자들이 과연 몇 명이나 있을까요? 불교가 발전하고 사회의 존경을 받기 위해서는 계율을 지키는 자세가 반드시 필요합니다. 지행합일이 되지 않으면 껍데기만 남아 있는 거예요. 전부를 실천하지 못하더라도 끊임없이 노력을 기울이다 보면 진정한 불자가 될 수 있고, 또 불교의 미래도 밝아질 것이라 확신합니다.

시작은 작은 노력에서 출발합니다. 저는 불자님들께 포교를 하려고 하면 유별나게 불상 모셔두고 촛불 켜고 향 켜고 목탁치면서 신행활동을 하지는 말라고 해요. 유별나면 가족들과 주위 사람들에게 오히려 반발감을 주거든요.

그냥 처음에는 계율을 하나 정해서 지키는 듯 안 지키는 듯 모르게 하다가 하나씩 실천할 수 있는 계율을 늘려가면 됩니다. 오계를 한꺼번에 다 지키는 것도 좋지만 참 쉽지 않은 일이잖아요. 시간을 두고 하나씩 하나씩 해나가는 거예요. 그러면 어느 순간 여러분들은 믿음을 주고 존경을 받는 불자가 되어 있을 거예요.

'사불괴정四不壞淨', 네 가지 무너지지 않는 깨끗함이라는 뜻이지요. 바로 불법승 삼보와 계율입니다. 이것은 절대 무너지지 않아요.

> "또 세 가지 법이 있으니, 첫째는 중생에게 즐거움의 인因을 베푸는 것이고, 둘째는 행한 바에 대하여 보답을 구하지 않는 것이며, 셋째는 장차 아누다라삼먁삼보리를 성취할 것임을 스스로 아는 것입니다."

이 단계는 굉장히 높은 단계이기 때문에 이런 단계가 있다는 것만 기억을 잘 해두면 좋겠습니다. 제가 법문을 할때 "행복시작 불행 끝, 성공시작 실패 끝, 신심문에 오신걸 환영합니다"라고 말하곤 합니다.

신심문은 믿고 시작한다는 의미예요. 불교라는 종교는 믿음이 바탕이 되지 않으면 나아갈 수가 없어요. 불법승 삼보를 믿고 계율을 믿지 않으면 '도'는 열릴 수가 없어요.

"또 세 가지 법이 있으니, 첫째는 좋은 벗을 가까이 하는 것이고, 둘째는 법을 듣되 싫어함이 없는 것이며, 셋째는 지극한 마음으로 선지식의 가르침을 받는 것입니다."

제가 아는 사람 중에 부처님 법 믿는다며 불자 흉내를 내면서 주변의 신뢰를 얻어 계주를 맡더니 그 돈을 가지고 잠적해버린 분이 있어요. 부처님 법을 믿지 않았기 때문에 가능한 행동이지요. 부처님 법을 활용해서 나쁜 행위를 하면 그 업이 얼마나 가중되겠어요? 인과를 믿는 불자라면 절대 할 수 없는 일이에요. 우리 불자들 중에도 업에 따른 인과를 믿지 않는 분들이 많아요. 그러나 부처님이 우연으로 이루어진다고 했으면 왜 믿으라고 했겠어요.

우리 불자들은 누가 뭐라해도 인과를 믿어야 합니다. 〈관세음보살보문품〉에 보면 "물 속에 들어가도 빠져죽지 않고 불 속에 들어가도 타 죽지 않고…"라는 구절이 나와요. 안 죽는 방법이 있어요. 그런 환경 자체가 여러분들한테 오지 않도록 하는 거예요. 얼마나 확실한 방법이에요? 불 속에서 빠져 나오는 것도 좋지만, 애시당초 그런 인연과 상황을 만나지 않는 것이 훨씬 중요해요. 〈관세음보살보문품〉이 설한 진정한 의미가 여기 있어요.

좋은 벗을 가까이하고 내가 좋은 벗이 되려고 노력을 해야 하는 이유, 좋은 마음으로 법을 듣기 위해 노력하는 이유, 지극한 마음으로 선지식의 가르침을 받아야 하는 이유도 마찬가지입니다.

"또 아홉 가지 법이 있으니, 멀리 삼법三法을 여의는 것과, 삼시三時로 뉘우치지 않는 것과, 평등하게 삼종三種중생에게 은혜를 베푸는 것입니다. 또 네 가지 법이 있으니, 자慈, 비悲, 희喜, 사捨입니다. 선남자여, 보살이 청정한 법으로써 마음을 청정하게 하는 중요한 두 때가 있으니, 첫째는 부처님이 세상에 출현하시는 때이고, 둘째는 연각緣覺이 나오는 때입니다. 선남자여, 중생이 선법을 생기게 하는데 세 가지가 있으니, 첫째는 듣는 것에서 생기는 것이고, 둘째는 사유思惟에서 생기는 것이며, 셋째는 수행에서 생기는 것입니다. 듣고 사유하는 두 가지는 두 때 가운데에 있으나 수행에서 생하는 것은 반드시 그렇지 않습니다."

세 가지 지혜 닦는 방법으로 '문사수'를 강조하셨네요. 들어서 지혜를 닦는 방법인 문혜聞慧, 그것을 깊이 생각해서 얻는 지혜인 사혜思慧,

그것을 실천해서 증득하는 수혜修慧로, 문·사·수 이렇게 표현합니다. 문사수를 통해 부처님 가르침을 올바로 세우고(정립문자), '교내정전' 즉 가르침으로 올바로 전한 것을 먼저 공부하고, '직지인심' 마음을 짚어 깨치고 '복혜쌍수' 복덕과 지혜를 같이 닦아 나가야 합니다. 『우바새계경』에서 가장 강조하는 것은 바로 '복혜쌍수'예요. 복만 있고 지혜가 없으면 그 복으로 업만 짓게 되고, 복은 없는데 지혜만 있으면 남의 종노릇 해야되는 거예요. 두 가지를 잘 겸비해야 되겠지요.

우리는 불행하게도 부처님이 계셨을 때에는 태어나지 못했어요. 연각이 나올 때도 우리는 태어나지 못했죠. 그래서 범부중생으로 돌아다니는 거예요. 그러나 우리는 부처님 법을 만났죠. 어렵게 만난 기회에 정법을 제대로 배우면 되는 거예요.

기억하세요. 직지인심, 우리 마음이 바로 부처라고 하면 그 부처의 마음을 복덕과 지혜를 닦는데 써야합니다. 항상 행복하시길 축원합니다.

"부처님을 믿는다"는 것은 세 가지에 대한 믿음입니다.
첫 번째는 부처님,
두 번째는 부처님 말씀,
세 번째는 부처님 말씀에 따른 생활태도.
바로 바로 불·법·승입니다.
이 세 가지를 통해 불교를 믿는다고 표현하며,
'정계' 즉 계를 지키고 맑게 한다고 합니다.

제16강 | 식악품(息惡品)

지극한 마음으로 염불하면
부정한 인연 대신 자비·지혜 늘어나

지난 시간 〈정계품〉에서 세 가지 지혜를 통해 계를 맑히는 방법을 배웠지요? 이번 시간에는 제16품 〈식악품息惡品〉에서 악함을 멈추는 방법을 알아보겠습니다.

"세존이시여, 보살이 이미 우바새계를 받았으나, 안과 밖에 악과 청정치 않은 인연이 있으면 어떻게 여읠 수 있습니까?"
"선남자여, 보살이 안팎으로 악과 부정한 인연이 있으면 이 사람은 마땅히 염불하는 마음을 닦아야 합니다. 지극한 마음으로 염불을 한다면 이 사람은 안팎의 악과 부정한 인연을 버리고 자비와 지혜가 늘어나게 될 것입니다."

처음으로 염불이라는 단어가 나옵니다. 여기서 염불이라는 것은 부처님 명호를 부르는 것만을 의미하는 게 아니라, 부처님을 지속적으로 생각하는 것입니다. 원래 염불은 '새길 염念', 즉 부처님을 마음 속 깊이 생각하고 새긴다는 의미입니다. 염불과 염법, 염승은 육념의라고 하여 '생각'하는 것입니다. 부처님을 생각하고 부처님 법을 생각하고 승가를 생각하면서 어렵고 힘든 단계를 벗어나자는 거예요. 그런데 중국 불교를 거치면서 '칭명염불' '지명염불'이라 하여 입으로 부르는 것을 염불이라 하게 되죠. 염불의 본래 의미는 부처님을 마음에 계속 새기는 것임을 기억하실 필요가 있습니다.

"세존이시여, 어떻게 닦아야 하나이까?"

금생의 인연은 전생에 지은 결과로 얻는 것이기 때문에 금생에 내 마음대로 할 수 없는 부분이 많이 있지요. 내 마음대로 할 수 없는 부분은 악과 부정입니다. 그렇다면 이런 악과 청정치 못한 인연은 어떻게 닦아야 할까요?

이는 우리가 염불을 해야하는 이유이기도 합니다. 부처님 명호는 '명호장엄 불가사의' '공덕장엄 불가사의'입니다. 명호장엄이라 함은 관세음보살, 지장보살이라는 명호 자체에 불가사의한 힘이 들어있다는 말입니다.

염불을 지극정성으로 하다보면 간혹 꿈을 꾸는 경우가 있어요. 염불을 오래 하신 분들은 경험이 있으실 겁니다. 손으로 떨쳐내려는 듯한 느낌이 들면서 꿈 속에서 염불을 해요. 이런 현상을 항마의 의미로 보는 견해도 있습니다. 나쁜 기운과 악의 기운, 부정한 기운을 몸에서 떼어내려는 변화인 거죠. 지장보살을 부르거나 관세음보살을 부르거나 아미타불, 약사여래불 등을 부르면 명호 속에 불가사의한 힘이 들어있기 때문입니다.

공덕장엄은 지장보살님이나 관세음보살님의 공덕이 워낙 크기 때문에 그 공덕을 우리가 받기 위해서 이름을 부른다는 것입니다. 이것을 『우바새계경』에서는 구체적으로 일곱 가지로 표현을 하고 있지요.

"선남자여, 마땅히 여래에게 일곱 가지 뛰어남이 있음을 살펴보아야 할 것입니다. 첫째는 몸이 뛰어나고, 둘째는 법대로 머무는 것이 뛰어나며, 셋째는 지혜가 뛰어나고, 넷째는 갖춘 것이 뛰어나며, 다섯째는 행하는 바가 뛰어나고, 여섯째는 불가사의한 게 뛰어나며, 일곱째는 해탈이 뛰어난 것입니다."

"몸이 뛰어나다는 것은, 여래의 몸은 삽십이상과 팔십종호로 장엄되었고, 마디마디에 만팔십의 향기나는 이라발나 코끼리의 힘과 필적하는 힘이 있으며, 중생이 보기를 좋아하고 싫어함이 없습니다. 이것을 몸이 뛰어나다고 하는 것입니다."

육근이 청정할 뿐만 아니라 누구든지 부처님을 보면 좋아하고 기뻐하게 되지요.

"법대로 머무는 것에 뛰어나다는 것은, 여래는 이미 자신이 이로움을 얻고 나서 다시 한량없는 중생을 가엾게 여겨 구제하고 이롭게 하니 이것이 법대로 머무는 것에 뛰어나다고 합니다. 지혜가 뛰어난 것이란, 여래에게는 네 가지 걸림 없는 지혜(사무애지)가 있어서 모든 성문이나 연각이 미칠 수 있는 바가 아니기 때문입니다."

여기에서 사무애지는 막힘없이 명료하게 이해하고 말하는 네 가지 능력을 뜻합니다. 첫 번째로 법무애해는 진리를 아는 능력입니다. 가르침을 표현한 글귀나 문장을 막힘없이 명료하게 이해하고 말하는 것이죠. 두 번째 의무애해는 글귀나 문장으로 표현된 가르침의 의미를 막힘없이 명료하게 이해하고 말하는 것을 의미합니다. 그리고 세 번째 사무애해는 여러 가지 언어를 막힘없이 명료하게 이해하고 말하는 것이며, 네 번째 변무애해는 바른 이치에 따라 막힘없이 가르침을 설하는 것입니다.

중국에 가서 지장보살님을 친견하거나 문수보살님, 보현보살님, 관세음보살님을 친견하게 되면 어느 나라 언어로 말씀하실까 궁금하지 않으세요? 바로 사무애해에 그 답이 있어요. 불보살님은 사무애해가 있어, 모든 언어를 초월해 가르침을 전할 수 있는 것이죠.

"갖춘 것이 뛰어나다는 것은, 여래는 행行, 명命, 계戒, 견見을 갖추었으니 이것을 일러 갖춘 것이 뛰어나다고 합니다. 실천행이 뛰어나다는 것은, 여래 세존은 삼삼매三三昧와 구차제정九次第定을 닦아 다른 모든 성문이나 연각의 미칠 바가 아니며 여래의 십력, 사무소외, 대비, 삼념처가 불가사의하게 뛰어난 것입니다. 해탈이 뛰어난 것은 여래는 두 가지 해탈의 뛰어남을 갖추고 지혜장과 번뇌장을 제거해 영원히 온갖 번뇌와 습기를 끊고 지혜와 인연 두 가지 일에 모두 자재함을 얻었으니 이것을 해탈이 뛰어나다고 합니다. 그러므로 사리불이 경전에서 여래가 갖춘 일곱 가지 뛰어난 법을 찬탄하였습니다."

여러분, 업을 짓고 받는 방법에는 네 가지가 있습니다. 한사람이 짓고 모두가 받는 방법, 모든 사람이 짓고 한사람이 대표로 받는 방법이 있는데 업은 악업과 선업 두 가지니 모두 네 가지가 되지요. 한 사람이 악업이나 선업을 지은 것을 전체가 받기도 하고 일부가 받기도 하며 자기가 지은 복을 자기가 받기도 하고 전체가 지은 복을 전체가 받기도 하는 것입니다. 이를 공업과 별업이라 표현해요.

그러니 우리 불자들은 "이왕 사는 인생, 내가 지은 선업으로 온 세상이 밝아졌으면 좋겠다"는 마음을 가졌으면 좋겠어요. 온세상을 밝히는 불자가 되기 위해서는 불교계의 인식에도 변화가 필요해요.

제가 롤모델로 삼고 있는 것이 대만 불교인데, 불자들의 삶 속에서 불교가 갖춰야 할 여덟 가지 사항을 구체화하고 있습니다. 첫 번째는 제도완비입니다. 인생의 크고 작은 통과의례에서 불교식을 정하는 것이죠. 결혼식과 회갑잔치, 생일잔치와 장례식 등에서 불자라면 어떤 방식에 준해야 하는지를 말합니다.

두 번째는 사찰 경제문제, 아주 중요한 부분입니다. 어느 분이 제게 그러셨어요. "스님은 돈 버는 머리가 하나 더 있는 것 같다"고요. 돈 버는 머리가 따로 있는 것이 아니라 '어떻게 하면 불자들과 저를 동시에 이롭게 할 수 있을까'를 고민한 덕분이죠. 불자들이 막대한 부자가 되면 절도 불사를 하는데 걸림이 없게 되니 얼마나 좋아요. 대만에서는 지자체 정치, 국회 등에 출마하려면 4대 사찰의 신도증이 있어야 한다고 해요. 그만큼 불교계가 국가적인 신뢰를 받고 포교를 잘 한 거예요. 여기에는 사찰이 자력갱생할 수 있는 경제 시스템이 큰 몫을 하고 있습니다.

세 번째는 사회복지를 잘 한 거예요. 그 기반에 신뢰가 있어요. 불사금을 시주하면 무조건 국세청에서 딱 찍혀 나오는 시스템으로, 검은 돈이나 잘못 사용되는 시줏돈이 없도록 한 덕분이죠. 돈세탁 자체가 불가능한 시스템이에요. 아주 깨끗하게 청렴하게 다 공개가 되니까 사회복지 시설이나 병원 불사도 원만하게 이뤄지는 거죠.

네 번째 대만 불교의 특징은 부유와 안락, 풍요로운 삶에 대한 인정입니다. 풍요로운 삶이 잘못이며 가난하게 살아야 한다는 가르침이 없어요.

다섯 번째는 교육입니다. 안심정사에 가끔 오는 대만 불자가 있는데 그분이 오면 무슨 질문을 하려나 긴장돼요. 높은 수준의 교리에 대해 질문을 굉장히 많이 하시거든요. 그분이 한국에서 자기 질문에 대답한 사람은 저 밖에 없다고 하시니 고맙기는 한데, 만나면 무슨 질문을 쏟아낼지 긴장부터 된다니까요(웃음). 불자들이 불교에 대한 이해가 깊다는 것은 불교의 발전과 직결된다고 봐요.

대만 불교는 또 진취와 창조를 강조합니다. 예전에 사찰 경내지에 있는 기념관을 방문한 적이 있는데 경내에 젊은이들이 좋아하는 유명한 커피체인점이 있더라고요. 노스님에게서 어떻게 이런 파격적인 아이디어가 나왔을까 싶어 놀랐던 기억이 있어요. 또 구화산에 81미터의 영산대불을 모신 상부선사라는 절이 있어요. 그 절의 방장스님이 87세셨는데 우리가 방문한 날이 그분 생신이더라구요.

세납을 알고나니 문화대혁명 때 어떻게 숨었는지가 궁금해서 스님께 여쭤봤어요. 종교를 없앤다는 명목으로 스님들을 다 환속시키고 죽이는 시기에 사셨으니까요. 농촌에 가서 숨어있었다고 하시더라고요. 그러면서 "요즘 중국 젊은이들이 불교에 관심을 많이 갖고 귀의한다"며 "젊은이들이 한 명이라도 더 불교에 귀의해야 한다"고 방법을 고민하시더라구요.

정말 상상도 못한 말씀이었습니다. 문화대혁명을 겪어낸 87세 노스님이 젊은이 포교에 대해 고민하고 계시잖아요. 대만 불교의 힘이 바로 이런 것에서 나오는 게 아닌가 합니다.

다시 『우바새계경』으로 돌아가서 다음을 봅시다.

"여래는 부정不淨을 관함으로부터 아누다라삼먁삼보리를 얻기에 이르렀고 장엄지莊嚴地에서 해탈지解脫地에 이르러서 성문이나 벽지불들보다 뛰어나기 때문에 여래를 더없이 존귀한 분이라고 합니다.(…)중생세계와 국토세계인 두 세계를 알므로 세간해世間解라고 합니다. 방편을 잘 알아서 중생을 조복하므로 조어장부調御丈夫라고 합니다. 중생으로 하여금 두려움을 내지 않게 하고 방

편으로 교화하여 고통을 없애고 즐거움을 받게 하므로 천인사天
人師라고 합니다."

어떠세요? 부처님이 중생들에게 어떤 분인지가 드러나지요? 불교는 불자들이 고뇌하고 고민하도록 하는 종교가 아니에요. 행복하고 즐겁고 안락한 가운데 교화하는 종교입니다. 오늘날 중국이나 대만 불교는 인간불교를 지향합니다. 죽어서 극락 가는 것 말고 우리가 살아서 행복하고 풍요롭고 안락하고 신바람 나는 불교를 말씀하셨어요.

안심정사도 마찬가지입니다. 첫 번째가 생활이 즐거운 불교가 되어야 해요. 생활이 즐거우려면 꼭 갖추어야 되는 것이 바로 건강과 재물이겠지요? 먹고 살기도 힘들고 몸이 아프면 즐거울 수가 없으니까요. 『우바새계경』에서 건강과 재물을 강조하는 이유도 여기 있어요.

또 자비롭고 도덕적인 불교가 되어야 합니다. 나 혼자 잘되는 것이 아니라 옆 사람도 함께 잘되게 해야지요. 부자가 되면 내 것이라고 그 재물 지키는데 급급하지 말고 옆 사람과 나누고 다른 사람도 성공하도록 도와주는 것이죠. 그리고 사찰은 부자가 된 불자들이 시주하면 그 쓰임을 아주 투명하고 도덕적으로 운영해 선순환이 되도록 해야 합니다.

죽은 뒤 극락이 아니라 우리가 사는 이곳이 곧 극락세계가 되는 방법이죠. 건강하고 재물이 풍요로운 불자가 되도록 이끌고 나눔으로 세상을 밝히는 불교가 되어야겠지요.

그러기 위해서는 어떻게 해야 할까요? 『우바새계경』에 그 답이 나와 있습니다. 여러분도 할 수 있어요. 행복하고 풍요롭고 자비롭고 도덕적인 불교를 만들어 갈 수 있습니다.
  멋진 불자가 되어 불교계에, 또 한국사회에 새로운 바람이 일길 바랍니다.

제17강 | 공양삼보품(供養三寶品)

삼보 향한 지극한 공양은
스스로 공덕 짓는 '복밭'

『우바새계경』 강설을 보신 불자님들은 반드시 계, 정, 혜 세 가지를 실천해야 한다는 점을 잘 알고 계실 겁니다. 이를 위한 첫 번째 단계가 '수계'지요. 계를 받아 철저하게 지키기 시작하면 여러분들의 생활환경을 포함한 모든 것이 바뀌게 됩니다. 우리가 계율을 받는 이유는 십+선업, 즉 열 가지의 선업을 닦기 위함입니다.

부처님은 우주가 생긴 이래로 모든 것을 다 아시는 분이십니다. 도인들 중에 한 생의 전생을 아는 도인, 열 생의 전생을 아는 도인, 백 생이나 천생의 전생을 아는 도인이 있는데, 부처님은 무시이래로 다 아시기 때문에 어떤 것이 우리 중생이 진정으로 성불 받는 일인가를 가르쳐주시는 거예요.

『법구경』에 나오는 이야기입니다. 전생을 삼 생까지만 볼 수 있는 도인이 천상에 간 사람의 전생을 봤어요. 소똥을 몸에 바르고 소처럼 기어 다니면서 풀만 뜯어먹고 살았다는 것을 알게 됐지요. 그래서 "아! 이렇게 하면 천상계를 가는구나"하고 자기도 따라 하기 시작했어요. 이 사실이 알려지면서 천상계에 가기 위해 소 흉내를 내는 무리들이 생겼다고 해요. 그런가하면 파사나디왕이 잔치를 하려고 소 천 마리를 잡으려고 하는데 소를 잡을 사람이 없는 거예요. 파사나디왕의 측근들이 전부 불자들이니까요. 그런데 한 도인이 삼 생 동안 도살만 한 사람이 천상세계에 간 것을 보고는 '살생을 해야 천상을 가는구나' 생각해 소를 잡는 역할을 도맡았다고 합니다.

어때요? 삼 생까지만 보고는 그것이 진리인 줄 아는 과오를 범한 것이죠. 실상은 삼 생 이전에 지은 선업이 굉장히 많아서 천상에 간 것인데, 일부만 보고 착각을 일으켜서 나쁜 짓을 하게 된 셈입니다.
부처님은 모든 생을 보시고 모든 것을 아시는 분이기에 선업을 지어야 한다는 가르침을 주셨습니다. 『미륵삼부경』의 주제도 십선업이에요. 미래 용화세계에 태어나는 것도 열 가지 선업을 빼고는 이야기가 되지 않는 거예요.

선업의 기본은 계율을 지키는 것입니다. 간혹 계율이 시대와 공간에 따라 변화될 수 있는지 여부가 논란이 되곤 하지요. 석가모니 부처님께서 설하신 본래의 취지를 이해하고 따르는 게 중요한지, 외형적인 형태를 따르는 게 중요한지에 대한 부분입니다. 이는 대승불교와 소승불교의 차이점이기도 합니다.

먼저 대승불교는 그 정신을 계승하는 거예요. 오늘날 한국 불교가 혼란스러운 이유는 부처님께서 말씀하신 의미를 정확하게 파악해 정신을 계승하려는 노력이 미흡하기 때문입니다. 한국에서는 '불립문자'라고 해서 "문자를 세우지 않는다"고 하는데 불립문자에 들어가기 전에 필요한 단계를 놓치고 있다고 생각됩니다. 바로 정립문자입니다. 여기서 문자라는 것은 글을 의미하는 게 아니라 부처님 말씀, 즉 문자반야를 의미하는 거예요. 경經·율律·론論이지요. 이것이 바로 서지 않으면 불립문자는 허망할 뿐입니다. 또 왜 자꾸 교외별전敎外別傳만 주장하나요? 그 이전에 필요한 것이 있잖아요. 교내정전敎內正傳, 부처님께서 전하려 하셨던 의미부터 찾고 교외별전 등의 이상을 추구하는 것이 맞지요.

이번 강설은 〈공양삼보품〉, 즉 삼보에 공양해야 한다는 내용입니다. 공양에 여러 가지 의미가 있겠지만 『우바새계경』은 우바새계를 받은 불자들을 위한 공양을 설하고 있습니다. 우바새계는 팔관재계八關齋

戒예요. 오계에다 세 가지 재를 더한 것이죠. '재齋'는 범부중생이 지키면 큰 복이 될 수 있는 것을 말합니다. 때가 아닐 때 먹지 않는 것, 오후불식 등이 대표적입니다.

"세존이시여, 보살이 이미 우바새계를 받았다면 또 어떻게 삼보께 공양해야 하나이까?"

"선남자여, 세간에는 세 가지의 복 밭이 있으니, 첫째는 보은전報恩田이고, 둘째는 공덕전功德田이며 셋째는 빈궁전貧窮田입니다. 보은전이란 이른바 부모와 스승과 스님이고, 공덕전이란 난법을 얻은 이부터 아누다라삼먁삼보리를 얻은 이까지이며, 빈궁전이란 온갖 가난하고 괴로운 사람입니다. 여래 세존은 보은전과 공덕전이 되고, 법도 역시 이 두 가지 밭이 되며, 스님들은 보은전도 공덕전도 빈궁전도 됩니다. 이와 같은 인연으로 보살이 이미 우바새계를 받았으면 지극한 마음으로 부지런히 삼보께 공양하여야 합니다."

법당에 복전함이 있죠? 복전福田, 말 그대로 바로 복 짓는 밭입니다. 복은 여러분이 씨앗을 뿌려 여러분이 거두는 거예요. 부처님께서는 세 가지 복 밭에 대해 이렇게 구체적으로 설하셨어요. 부처님은 만인

류 법계의 스승이시니 당연히 보은전이 되고 난법을 얻은 이부터 아누다라삼먁삼보리를 얻은 이에 들어가니 공덕전도 되죠. 가난하고 괴로운 사람을 왜 도와줘야 하는지도 명쾌하게 설명이 됩니다. 복 짓는 밭이거든요. 도와주는 행위는 그 사람에게도 좋은 일이지만 자신에게도 아주 좋은 복으로 돌아온다는 것이죠.

"선남자여, 여래는 모든 법의 창고입니다. 그러므로 지혜로운 이는 마땅히 지극한 마음, 부지런한 마음으로 생신이나 멸신이나 형상이나 탑묘에 공양할 것입니다. 탑도 형상도 없는 들판에서도 항상 생각하고 공경하며 찬탄하고, 자신의 능력으로 짓거나 남에게 권하여서 지을 것이며, 남이 짓는 것을 보면 기뻐하는 마음을 내어야 합니다."

부처님의 형상과 부처님의 그림, 부처님 명호에 공양을 올리는 것도 이러한 이유입니다. 현실에서 실천하기 쉽지는 않아요. '일념상응일념불 염염상응염염불一念相應一念佛 念念相應念念佛', 한번 부처님을 생각하고 부처님 법을 생각하면 한번 부처님이 되고, 자꾸 생각하면 꾸준히 부처님이 된다고 하지요. 자꾸 부처님을 생각함으로 해서 보은전과 공덕전을 형성해 나가야 합니다.

우리가 공덕을 짓는 방법은 네 가지가 있습니다. 첫 번째는 재물로써 보은전, 공덕전, 빈궁전에 베푸는 재보시입니다. 두 번째는 배워서 아는 것으로 남들에게 가르쳐 주거나 경전을 찍고 나눠 주는 법보시, 세 번째는 몸으로 하는 육체적 봉사활동, 네 번째는 남들이 공덕을 짓는 것을 보고 기뻐하는 마음을 내는 거예요. 바로 수희공덕입니다. 공덕을 지을 수 없는 경우는 원칙적으로 하나도 없어요.

많은 분들이 신세 타령을 하지만, 이를 해결하기 위해 직접 복을 짓지는 않습니다. 그러니까 늘 빈곤이 악순환될 수밖에 없어요. '그런 게 어디 있어?'하며 의심부터 품지 말고 일단 부처님 가르침대로 해 보세요. 우선 해 보는 게 중요해요. 부처님 말씀대로 하다보면 의식수준이 높아지고 어느 순간에 변화가 찾아와요. 그 상태까지 도달하는 것이 쉽지는 않지요. 그러니 여러분들이 금생에 목표를 세워야 돼요.

"자신에게 공덕력이 있으면 마땅히 널리 많은 사람에게 가르쳐서 함께 짓도록 하여야 합니다. 공양을 하고 나서는 자기의 몸을 가벼이 여기는 생각을 하지 말 것이며, 삼보께도 역시 이와 같이 해야 합니다. 공양이라는 것은 남이 시켜서 하는 것이 아니며 남을 이기기 위한 것도 아닙니다. 공양할 때는 비난하는 마음을 내거나 근심, 걱정을 하지 말아야 하며, 합장하고 찬탄하며 공경하고 존중해야 합니다."

쉽지 않아요. 특히 세 번째 빈궁전이 좀 어려워요. 예를 들어 어려운 사람을 좋은 마음으로 도와주려고 하다가 기분이 상한 경험 한 번쯤 있으실 거예요. 복이 없는 사람의 언행은 복을 짓는 언행과 거리가 먼 경우가 있기 때문이지요. 부처님께서 공양할 때는 비난하는 마음을 내거나 근심, 걱정을 하지 말아야 하며, 합장하고 찬탄하며 공경하고 존중해야 한다고 하셨잖아요. 복밭이라는 생각을 가지고 좋은 마음을 품기 위해 노력해야 합니다.

"한 푼에서부터 셀 수 없이 많은 재보에 이르기까지, 한 올의 실에서부터 한량없는 비단에 이르기까지, 한 송이의 꽃에서부터 셀 수 없이 많은 꽃에 이르기까지, 향 한 자루에서부터 셀 수 없이 많은 향에 이르기까지, 하나의 찬탄하는 게송에서부터 셀 수 없이 많은 찬탄하는 게송에 이르기까지, 한 번의 예를 드리는 것에서부터 셀 수 없이 많은 예를 드리는 것에 이르기까지, 한 번의 도움에서부터 셀 수 없이 많은 도움에 이르기까지, 한 시간에서부터 셀 수 없이 많은 시간에 이르기까지 혼자서 하거나 남과 함께 해야 합니다."

우리가 실천행을 하다보면 여러분들이 감당할 수 있는 범위들이 자꾸 늘어나게 됩니다. 다른 사람을 도우며 내 그릇도 키우는 과정이거든요. 버는 것도 중요하지만 잘 쓰는 것이 훨씬 중요한 이유예요.

재물은 원칙적으로 유한한 것임을 불자들은 꼭 이해하고 명심해야 합니다. 『금강경』에서 모든 것이 '공空하다'고 했지요. '고정불변의 실체로 영원한 내 것이 아니다.' 꼭 기억하셔야 해요. 재물이든 목숨이든 우리 육체든 언젠가 무너져 가는 거예요. 한 번에 크게 이루려고 하지 말고 하나하나 실천해보세요. 부처님께서 알려주신 복의 밭에 공양을 올리며 차근차근 변화를 준비하세요.

> "어떤 사람이 사천하의 보배로 여래께 공양하거나, 또 다른 사람이 갖가지 공덕으로써 존중 찬탄하여 지극한 마음으로 공경한다면 이 두 사람의 복덕이 같아서 다를 것이 없을 것입니다."

찬탄하는 공덕도 중요합니다. 간혹 남이 공덕 짓는 것을 안 좋은 눈으로 보거나 시샘하는 경우가 있는데 자기 손해예요. 옆에서 수희찬탄하면 그 공덕과 똑같아지는데, 좋은 길 두고 왜 나쁜 길로 가나요?

> "누구나 이와 같은 법으로 부처님을 찬탄한다면, 이 사람은 부처님께 참 공양을 올린다고 할 것입니다. 선남자여, 십이부경에 공양을 올리면 이것이 법에 공양하는 것입니다. 십이부경에 공양하는 것이란, 지극한 마음으로 믿고 좋아하며, 받아서 읽고 외우

며 해설하고 말씀대로 행하면 이미 자기를 위한 것이며, 또 남에게 권하여 행하게 하면 이것이 십이부경에 공양하는 것입니다. 십이부경을 베껴 쓰고, 쓰고 나서 갖가지로 공양하되 부처님께 공양하듯 하며 오직 씻기는 것만 하지 않습니다. 이와 같이 공양하고 수지하고 독송한다면 이것이 법에 공양하는 것입니다."

여러분들이 지극한 마음으로 믿고 좋아하며, 받아서 읽고 외우며, 해설하고 말씀대로 행하면 이미 자기를 위한 것입니다. 자기가 읽고 이롭고 좋아지는 거지요. 그런데 지금은 베껴 쓰는 것, 즉 사경을 잘 이해해야 해요. 쓰고 베끼는 게 공덕이 크다니까 전부 사경을 해요. 그런데 정성스럽게 안 쓰고 못 읽게 쓰면 업이 되는 거예요. 몇 권 썼느냐가 뭐가 중요해요? 옛날에는 인쇄술이 발달되지 않아서 누군가가 정성스럽게 베껴 써 줘야 읽을 수가 있으니 굉장히 중요했습니다. 청나라 말 정토종 13대 조사인 인광 대사도 경전을 인쇄해서 나눠주는 공덕을 강조했지요. 그런데 우리는 몇 권 썼는지에 관심을 가져요. 횟수 채우려고 남이 읽지 못할 정도로 정성 없이 쓰는 것은 아무런 의미가 없어요. 법보 공양이 아닌 거죠. 차라리 인쇄를 해서 나눠주거나 사서 나눠주세요.

"이와 같이 불·법·승 삼보에 공양하는 사람이 있으면 이 사람은 마침내 시방의 여래를 여의지 않고 행주좌와行住座臥, 가고 머물고 앉고 누움에 언제나 모든 부처님과 함께 할 것입니다. 선남자여, 말한 대로 이러한 삼복전에 얼마간의 공양을 하는 사람은 누구든지 한량없는 세상에 많은 이익을 받을 것입니다."

삼보에 공양하는 것은 삼보 좋으라고 하는 것이 아니라 자신에게 이로운 것이에요. 복전의 의미를 항상 생각하시길 바랍니다. 복의 밭에 복을 지어 내가 복을 받는 것이죠.

쉽지 않은 만큼 공덕이 훨씬 더 클 수밖에요. 기회를 잃지 말고 조금씩, 조금씩 지어 나가는 거예요. 이번 생에 인간으로 태어남은 업도 많고 복도 많은 것이니 삼보에 공양을 올려 업장을 소멸하고, 복을 지어야 합니다.

꾸준히 하다 보면 어느샌가, '아 이렇게 변화가 나타나고 있구나'하고 알게 되지요. 복의 밭에 많은 복을 지어서 다음 생에 만날 때는 "스님, 제가 이번에 사업해서 10조 원을 벌었으니, 5조 원 정도는 불사에 쓰시면 어떨까요?"하셔야 합니다(웃음).

꼭 그렇게 되시길 축원합니다.

많은 분들이 신세 타령을 하지만,
이를 해결하기 위해 직접 복을 짓지는 않습니다.
그러니까 늘 빈곤이 악순환될 수밖에 없어요.
'그런 게 어디 있어?'하며 의심부터 품지 말고
일단 부처님 가르침대로 해 보세요. 우선 해 보는 게 중요해요.
부처님 말씀대로 하다보면 의식수준이 높아지고 어느 순간에 변화가 찾아와요.

제18강 | 정삼귀품(淨三歸品)

'삼귀의'엔 모든 괴로움·번뇌 없애고 즐거움 주는 인연 있다

이번주에는 『우바새계경』 제 20품 〈정삼귀품淨三歸品〉을 함께 공부하도록 하겠습니다.

선생이 세존께 여쭈었다. "세존이시여, 부처님께서 먼저 말씀하시기를, 와서 구걸하는 자가 있으면 삼귀의를 먼저 가르쳐서 받게 한 후에 베풀라고 하셨습니다. 무슨 인연으로 삼귀의를 받으며 어떤 것을 삼귀의라고 하나이까."

불자라면 '삼귀의'를 모르는 사람은 없을 겁니다. 법회 때마다 "거룩한 부처님께 귀의합니다. 거룩한 가르침에 귀의합니다. 거룩한 스님들께 귀의합니다"라고 하시잖아요? 그런데 삼귀의에 대해 명확하게 아시는 분은 잘 없어요. 오늘 강설을 통해 삼귀의를 받게 되는 인연과 의미를 잘 알고 실천할 수 있길 바랍니다.

  삼귀의를 한자로는 '귀의불 양족존歸依佛 兩足尊 귀의법 이욕존歸依法 離欲尊 귀의승 중중존歸依僧 衆中尊'이라고 표현합니다. 부처님께서는 누가 구걸하러오면 반드시 삼귀의를 하도록 했어요. 빨리어로 '붓당 사라낭 갓차미, 담망 사라낭 갓차미, 상강 사라낭 갓차미' 이렇게 세 번을 하고 구걸하는 자에게 베풀고 했어요. 굉장히 중요한 부분이지만 한국 불교에서는 잘 알려지지 않고 있어요. 왜 중요한지가 뒤에 나옵니다.

> "선남자여, 삼귀의에는 모든 괴로움을 부수고, 번뇌를 끊어 없애고, 위없는 적멸寂滅의 즐거움을 받는 인연이 있습니다."

'삼귀의' 한 번에 여러분들이 갈 지옥이 없어지고, 배고픈 귀신(아귀)이 가는 세계가 없어지고, 축생 세계가 없어집니다. 즉 삼악도가 없어져요. 우리나라 불자들은 '삼귀의'를 "그냥 하는 것"으로 흔히 생각하는 경우가 많은데 그렇지 않아요. 삼악도를 없애는 데는 삼귀의보다 빠른 게 없어요. 하루 지나면 하루 지난만큼 "거룩한 부처님께 귀의합니다. 거룩한 가르침에 귀의합니다. 거룩한 스님들께 귀의합니다"하고 자꾸 노래 불러야 되요. '나무불 나무법 나무승' 이렇게 하잖아요. 삼귀의야말로 최고 좋은 진언이며 최고 좋은 염불이지요.

어느 분이 인터넷에 '아내 구함'이라고 광고를 냈대요. 300통의 이메일이 온 거예요. 전부 똑같은 내용으로 왔어요. "우리 마누라를 데려가시오." 무슨 뜻인가 잘 이해가 안되지요? 강설이 끝나면 이해가 될 거예요.

우리가 늘 '귀의불 귀의법 귀의승' 또는 "거룩한 부처님께 귀의합니다. 거룩한 가르침에 귀의합니다. 거룩한 스님들께 귀의합니다"를 자꾸자꾸 하다보면 괴로움이 다 부서져 없어지고 번뇌를 끊어 없앨 수 있어요.

얼마 전 서울 약왕선원에 한 불자가 오셨어요. 젊은 나이에 회사에서 높은 자리에 올라갔는데, 아랫 사람들은 목을 팍 비틀면 말을 듣겠지 했는데 안 듣더래요. 고민을 하다가 제 책 '걱정말고 기도하라'를 보고는 '자비를 베풀어야겠다'고 생각을 했답니다. 늘 '자비가 뭐지' 하고 추상적으로만 생각했는데 참 쉽게 풀이한 부분들이 있더라는 거예요.

자비는 '친, 아, 배, 사'입니다. 친절과 아량, 배려, 사랑 나누기죠. 이것을 400명 넘는 직원들한테 써먹어 보니까 갑자기 사무실이 극락이 되더라고 합니다. '아, 자비라는 것이 추상적인 개념이 아니라 우리가 현실에서 바로 써먹을 수 있는 거구나'하고 생각이 들더래요. 우리 불교는 이렇듯 멀리 있는 게 아니라 생활 속에 함께 있습니다.

삼귀의도 마찬가지예요. 번뇌를 끊고 괴로움을 아무리 부수어 내도 현실에는 괴로운 일이 많이 있지요. 이 괴로움을 불교에서는 8가지로 정리해요. 먼저 생로병사生老病死, 육체적으로 괴로운 4가지입니다. 심리적·정신적으로 괴로운 네 가지가 더 있어요. 첫 번째가 사랑하는 이와의 이별, '애별리고愛別離苦'입니다. 틀림없이 괴로움이에요. 두 번째는 '원증회고怨憎會苦' 원수와 딱 마주치는 것입니다. 미워하는 사람을 만나는 것이 좋은 사람은 없겠지요. 오죽했으면 '원수는 외나무 다리에서 마주친다'고 그럴까요. 세 번째는 '구부득고求不得苦'. 구하는 것을 얻지 못하는 괴로움입니다. 마지막으로 '오음성고五陰盛苦'가 있습니다. 오음, 즉 오온五蘊의 작용으로 인한 고통입니다. 오온개공의 이치를 깨닫지 못하고 색, 수, 상, 행, 식에 집착하면 온갖 고통이 따라오게 됩니다.

그러나 이 괴로움에 대해서 우리가 "몸과 마음, 생각 모든 것이 괴로움 아닌 게 없다"고 단정지어 버리면 불교가 염세주의가 됩니다. 이를 벗어나는 '적멸의 즐거움', 모든 것이 다 해결된 즐거움을 받는 인연을 만들기 위해 '삼귀의'가 있습니다. 괴로움이 있음을 알고 아니까

없앨 수 있는 거예요. 불교가 참 명쾌하지 않습니까?

또 유식에서 공부하는 단계가 5단계가 있는데 자량위, 가행위, 견도위, 수도위, 성불위가 있어요. 첫 번째 자량위資糧位는 영양분을 계속 섭취하며 복을 짓는 단계, 즉 깨달음을 얻는 데 자량이 될 지혜의 수행을 쌓는 단계입니다. 그 단계를 지나면 가행위加行位라 해서 이 행위가 더해지는 겁니다. 처음에는 9시간만 용맹정진 기도를 하려고 했는데 기도하면서 재미가 붙으니 밤새도록 철야기도를 하고 있어요. 마지못해서 하던 기도가 발등에 불 떨어지니까 "막상 하니 잘 되네" 싶으니 점점 더 기도에 매진하게 되고 더욱 복을 짓는 게 되는 것이죠.

그다음은 견도위見道位입니다. 도를 보는 단계, 명심견성을 했다던가 화두를 타파하고 수다원향, 수다원과를 증득하는 단계가 된단 말이에요. 이 상태를 견도위라고 표현해요. 그 직전의 단계를 『우바새계경』에서는 난법의 단계라고 해요. 무르익어 견도하게 된다는 것이지요.

견도위에서는 자동차 엑셀을 밟듯이 더욱 본격적으로 복을 지어야 돼요. "나는 이제 무르익었으니 지혜나 더 연마해야지 복은 지을 필요가 없겠다"는 생각을 하고 실천행에 소홀하면 외도로 빠져버리는 거예요. 아라한이 백번 돼도, 보살되기 힘들어요. 『우바새계경』에 육바라밀품이 나오는 이유예요. 첫 번째가 보시바라밀이에요. 무조건 보시를 행하는 것이 복의 가장 기본임을 잊어선 안 됩니다. 『우바새계경』에 보면 스승이 제자들에게 4가지를 반드시 가르쳐야 한다고 강조합니다.

첫 번째가 신심을 자꾸 길러주는 거예요. 이 신심은 아무리 길러 주려고 해도 다음의 세 가지가 받쳐주지 않으면 썩어 버립니다. 두 번째는 계율입니다. 우리가 부처님 계율을 지키라고 하는 것은 여러분을 구속하거나 귀찮게 하려고 하는 게 아닙니다. 근본적으로 여러분들이 괴로움을 벗어나서 즐거움의 세계로 나가도록 하는 겁니다. 세 번째는 보시를 행하도록 권유 하는 것, 네 번째는 많이 듣도록 권유하는 것입니다.

의외로 쉽지 않습니다. 우선 내가 권유를 하고 가르치려면 지행합일이 되어야 하는데, 신도들과 술도 먹고 고기도 먹으면서 계율을 지키라고 하면 누가 듣겠어요? 속으로 "너나 잘하라"고 하겠지요. 신심을 갖도록 가르치고, 계율을 지키도록 가르치고, 보시를 하도록 하고, 많이 듣도록 하는 것은 스님들이나 성직자가 해야 할 가장 중요한 임무인데 쉽게 말을 하기는 어렵지요. 특히 "보시하라고 하면 돈 내라는 소리로 알아들으니까"하고 생각해서 아예 보시를 권하지 않는 경우도 있다고 들었습니다. 그러나 이것은 불자들이 복 지을 기회를 원천적으로 잘라버리는 셈이 되기 때문에 좋지 않아요.

다시 『우바새계경』으로 돌아가서 번뇌라는 것은 탐심이 많고 그 다음에 화내는 마음, 어리석은 마음, 교만한 마음, 의심 많은 마음이라 했습니다. 부처님께서는 이것을 하나 하나 없애면 '적멸의 즐거움'을 받는 인연이 있습니다 했죠. 제일 좋은 즐거움이 뭐냐면 적멸의 즐거움, 열반의 즐거움이거든요.

'흥진비래興盡悲來'. 즐거움이 다하면 울다가 끝나지요. 인간의 즐거움은 그런 겁니다. 아무리 좋은 노래도 세 번 부르면 질리잖아요. 그런데 열반의 즐거움은 끝이 없습니다. 끝없는 즐거움을 받는 인연이 있기 때문에 '삼귀의'가 중요한 거예요. 대만 불광산사의 성운 대사가 한 말씀이 참 감명 깊어요. "하루 살면 살수록 부처님과 부처님 말씀과 승가에 의지하는 마음이 더 커진다." 얼마나 감동적인가요?

"그대가 묻는 삼귀의란, 선남자여, 불, 법, 승을 말합니다. 불佛이란 번뇌를 부수는 원인과 바른 해탈을 얻는 것을 말하는 것이고, 법法이란 곧 이 번뇌를 부수는 원인과 진실한 해탈이며, 승僧이란 번뇌를 부수는 원인과 바른 해탈을 얻는 것입니다."

세속생활 다 포기하고 오직 도를 닦으라고 하는 것이 아니에요. 그대가 사는 곳에서 생활에 충실하라는 겁니다. 세속생활을 포기하고 도인으로 사는 분들 찾아가보면 주위 가족들은 고개를 내둘러요. 본인만 유유자적하게 도인 행세하는 것은 세속말로 "지 앞가림도 못하고 다니는 것"과 다르지 않은 경우가 많거든요. 그건 아니에요. 절대 부처님 가르침이 아니에요.

또 처음 불교 입문한 사람에게 참회부터 하라고 하지요? 무턱대고 참회하라고 하면 되나요? "내가 뭘 잘못했지요?"하면 "니가 전생에 뭔가 잘못했을 거여" 그러잖아요. "그럼 일러주세요."하면 "모르지만 잘못했을거여" 이래요.

설득력도 없고 신심도 안나요. "니가 어느 때 어느 잘못을 해서 지금 이렇게 안좋다"고 찝어주면 효율적으로 참회할 수가 있잖아요. 참회는 초보불자가 하는 것이 아닙니다. 상당히 높은 단계에까지 올라가서 공부하고 기도하다보면 그때부터 참회가 되는 거예요.

"누군가는 '그렇다면 이것은 일귀一歸이다'고 말하나, 그 뜻이 아닙니다. 왜냐하면, 여래가 세상에 나오시거나 세상에 나오지 않거나 바른 법은 항상 있어서 분별함이 없지만, 여래가 나오시고서 곧 분별함이 있습니다. 그러므로 당연히 따로 부처님께 귀의하는 것입니다. 여래가 세상에 나오시거나 세상에 나오지 않거나 바른 법은 항상 있어도 받는 자가 없지만, 부처님의 제자들이 받기 때문에 응당 따로 승가에 귀의하는 것입니다."

우리가 삼귀의를 왜 하는지 자세한 이유들이 이렇게 명쾌하지요? 재가불자들은 『우바새계경』만 평생해도 좋아요. 바른 법이 있어도 받는 자가 없으면 안 되는데 바로 여러분들이 말법시대에 부처님 법을 받는 것이지요.

"바른 길로 해탈하는 것을 법이라 하고, 스승이 없이 홀로 깨달은 이를 부처라 하며, 법대로 받는 자를 승가라 하니, 삼귀의가 없다면 어떻게 네 가지 무너지지 않는 믿음이 있다고 하겠습니까."

네 가지 무너지지 않는 믿음을 사불괴신四不壞信이라 합니다. 불佛 법法 승僧 계戒를 향한 믿음을 말하지요. 영원히 무너지지 않는 믿음이죠. 여러분들은 불법승계를 지니고 하루 하루 좀 더 확보하려고 노력을 해야 합니다.

"삼귀의를 얻는 자에게는 구족함이 있거나 구족하지 않음이 있습니다. 구족함이라 하는 것은 이른바 불, 법, 승에 귀의함이고 구족하지 않음이란 이른바 여래가 법에 귀의하는 것입니다. 선남자여, 삼귀의를 얻는 자는 구족하지 않을 수 없습니다. 비구, 비구니, 우바새, 우바이의 계와 같습니다."

"선남자여, 모든 선법은 하고자 함欲이 근본입니다. 이 하고자 하는 인연으로 삼보리와 해탈의 과보를 얻고 출가법에 들어가서 큰 악업과 모든 존재의 업을 부수며 계를 수지하고 모든 부처님을 가까이 하고 일체를 버리어 구걸하는 자에게 주며 정성을 짓고 악한 과보를 부수며 대악죄를 멸하고 결정취를 얻으며 세 가지 장애를 여의고 번뇌를 부수는 길을 닦습니다. 이 하고자 하는 인연으로 삼귀의를 받고 삼귀의로 인하여 계를 받고 나면 견도와 수도를 행하여 성문보다 뛰어나게 됩니다."

삼귀의를 계속 유지하기 위해 노력하다 보면 어느 순간 "이거구나" 하는 깨달음을 만날 수 있을 겁니다. 그래서 '정삼귀품'이예요. 꼭 실천하셔서 행복한 불자가 되시길 진심으로 축원합니다.

'삼귀의' 한 번에 여러분들이 갈 지옥이 없어지고,
배고픈 귀신(아귀)이 가는 세계가 없어지고, 축생 세계가 없어집니다.
즉 삼악도가 없어져요.
우리나라 불자들은 '삼귀의'를 "그냥 하는 것"으로 흔히 생각하는 경우가 많은데
그렇지 않아요. 삼악도를 없애는 데는 삼귀의보다 빠른 게 없어요.

제19강 | 육바라밀품

보시 · 지계 · 인욕에
꾸준한 정진 더해져야 진정한 재가불자

　재가불자들이 당면하는 현실적 문제를 해결하는데 『우바새계경』보다 더 좋은 경전은 없습니다. 감사한 마음으로 오늘은 〈육바라밀품〉을 같이 공부하도록 하겠습니다.

　선생이 세존께 여쭈었다. "세존이시여, 부처님께서는 앞에서 육바라밀의 육방에 공양하여야 한다고 하셨으며, 이렇게 공양한 사람은 재물과 수명을 증장시킬 수 있다고 말씀하셨습니다. 이런 사람에게는 어떠한 상이 있습니까?"

　늘 이야기하지만 재가불자가 불교를 가장 잘 믿은 결과는 재물과 건강입니다. 그것이 재가불자가 보리심을 내는 이유이자, 지금까지 『우바새계경』이 일관되게 설하고 있는 말씀입니다. 그렇지요?

부처님께서 말씀하셨다. "선남자여, 어떠한 재물도 아끼지 않아 남에게 이익될 일을 하고 보시할 것을 생각하여 즐겨 보시하며 있는 대로 보시하되 많고 적음을 묻지 않고, 보시를 할 때에 몸과 재물을 가볍고 소홀하게 대하는 생각을 내지 않습니다."

'모든 것이 헛되고 의미 없다'는 생각을 하면 안 된다는 거죠. 재물은 재물대로 의미가 있고 육체와 목숨도 중요한 의미가 있어요. 이를 어떻게 쓰는지가 아주 중요한 거지요. 재물을 가볍고 소홀하게 대하는 생각을 내지 말아야 합니다. 여러분들 중에도 주머니에 돈을 아무렇게나 구겨넣는 사람 있지요. 그러면 돈이 안 들어와요. 항상 "돈아, 사랑해" 하면서 빳빳하게 잘 넣고 다녀야 해요. 그래야 돈이 "저 사람은 나를 소중히 여기는구나" 하며 오래 머물러요.

"청정하게 보시하되 계를 지키거나 어기거나를 늘 가리지 않고, 보시하는 것을 찬탄하며 보시하는 것을 보면 기뻐하며 시기하지 않고, 구하는 자를 보면 마음으로 기뻐하면서 일어나서 맞이하고 절하며 자리를 주고 앉으라고 합니다. 그리고 앞 사람이 묻거나 묻지 않거나 늘 보시의 과보를 찬탄합니다."

재물복이 있는 사람과 없는 사람의 차이가 확연히 드러나요. 재물복이 있는 사람은 자기가 보시하거나 남이 보시하거나 찬탄하는 마음을 낸다는 거예요. 그러면 자꾸 보시할 수 있는 기회가 열리는 거예요.

"두려워하는 자를 보거든 구하여 보호하고, 굶주리는 세상에서 음식을 기꺼이 줍니다. 이러한 보시가 과보를 위한 것이 아니며 은혜 갚기를 구하는 것이 아닙니다. 중생을 속이지 않고 삼보의 공덕을 찬탄하며 됫박과 저울로 속이거나 다른 싼 물건을 섞어서 사람을 속이지 않고 술과 도박과 탐욕을 좋아하지 않으며 항상 부끄러움과 수치의 덕을 닦아서 비록 큰 부자라 하더라도 방일하는 마음이 없이 은혜를 많이 베풀어 교만함을 내지 않습니다. 선남자여, 이 상相이 있는 자는 곧 보시바라밀에 공양하는 것임을 알아야 합니다."

이렇게 보시바라밀을 완성해 나가는 거예요. 예전에 김해공항까지 택시를 탔는데 택시 기사님이 참 좋은 얘기를 하시더라고요. 그 지역의 한 부자가 외제차를 타고 다니는데 어느 술을 먹은 운전자가 차를

들이박았대요. 보험을 2,000만 원까지 들어놨다는데 외제차는 2,000만 원으로 해결이 안 되잖아요? 이 부자는 불자였는데 이를 알고 보험으로 해결할 수 있는 2,000만 원만 받고 마무리했대요. 너보다는 내가 잘 살지만 음주운전을 한 징벌의 개념으로 2,000만 원을 내고 나머지는 내가 해결하겠다는 것이지요. 멋진 자세입니다.

"선남자여, 어떤 사람이 몸과 입과 뜻을 청정하게 하고 항상 부드러운 마음을 닦아서 죄와 허물을 짓지 않습니다. 설사 잘못하여 지었더라도 항상 부끄러워하고 뉘우쳐서 이 죄업으로 나쁜 과보를 얻는다는 것을 믿으며 마음에 환희심이 생기게 하는 선한 것을 닦습니다. 작은 죄에도 아주 무거운 생각을 내어, 죄를 지었으면 두려워하고 근심하고 뉘우칩니다. 중생을 때리거나 욕하거나 성내거나 괴롭히지 않습니다. 말할 때에도 뜻을 살핀 연후에 말하고 부드럽고 유연하게 말하며 중생을 보면 사랑하는 마음을 냅니다. 은혜를 알아서 갚고, 마음이 인색하지 않고 중생을 속이지 않습니다. 법에 맞게 재물을 구하고 복덕을 짓는 것을 즐겨 합니다. 지은 바 공덕으로 항상 사람을 교화하되 궁핍하고 괴로움을 당하는 자를 보면 내가 대신 받아서 항상 인자한 마음을 닦아 모든 것을 가엾이 여깁니다. 악을 행하는 자를 보면 막고, 선을 행하는 자를 보면 그 덕을 칭찬하고 그 과보를 말합니다.

또 자신의 힘으로, 가서 이를 돕습니다. 몸이 자유롭지 않을 때는 다른 이로 하여금 자유롭게 합니다. 항상 성내는 마음을 여의어서 때로 잠깐 일어나는 것도 금방 깨닫고 부끄러워하고 뉘우치며 참답고 부드러운 말을 하고 이간질하는 말과 의미 없는 말을 하지 않습니다. 선남자여, 이 상相이 있는 자는 계바라밀에 공양하는 것입니다."

계율을 꼭 지키면서 특히 이러한 부분들을 따라 실천한다는 말이지요.

"선남자여, 어떤 사람이 몸, 입, 뜻의 업을 청정히 하고 중생이 비록 악한 일로 크게 해를 입히더라도 조금도 성내지 않으며 끝까지 악으로 갚지 않습니다. 그리고 와서 뉘우치고 사과하거든 곧 받습니다. 중생을 볼 때 항상 기뻐하고 악을 짓는 자를 보면 가여워하는 마음을 내고 인욕의 과보를 찬탄하며 성내는 것을 꾸짖고 성냄의 결과는 고통이 많음을 말합니다. 보시와 인욕을 닦을 때 원수의 가문에 먼저 미치게 하고 오음을 관찰하되 여러 가지 인연으로 화합한 것임을 압니다. 화합으로 이뤄졌을진대 무엇 때문에 성내는 것인지 깊이 관찰합니다. 성내는 것은 미래에 악도에서 한량없는 괴로움을 받을 인연이니, 잠시라도 성을 냈거든 부끄러워하고 무서워하며 후회하는 마음을 냅니다. 남이 인욕을 뛰어나게 행함을 보고 시기심을 내지 않습니다. 선남자여, 이 상이 있는 자는 인욕바라밀에 공양하는 것입니다."

이런 마음으로 살아야 되는 것이지요. 육바라밀에 대해 하나하나 늘 읽고 실천해 나가는 거예요. "선남자여, 어떤 사람이 몸, 입, 뜻의 업을 청정히 하고 중생이 비록 악한 일로 크게 해를 입히더라도 조금도 성내지 않으며 끝까지 악으로 갚지 않습니다." 다 잊어도 이 대목은 꼭 기억하세요. 처음엔 어렵더라도 조금씩 조금씩 해나가는 거예요. 이렇게 되면 가정도 극락이 되겠죠. 부부간에 싸우고 다투는 것보다 끝까지 이해하는 마음을 가진다면 오히려 본인이 편하고 좋아지는 거잖아요. 인욕바라밀을 이렇게 닦아나가는 거예요.

우리가 아무리 보시, 지계, 인욕을 했더라도 정진이 없으면 안돼요. 정진은 '꾸준히' '오로지' 하는 거예요. 매일 와서 "기도 했는데 제 운명이 달라졌을까요?" 물으면 안 달라져요. 어느 기간 동안 오로지 꾸준히 기도하다보면 이미 본인도 모르는 사이에 바뀌는 거예요. 정진바라밀은 꾸준히 하는 것이 가장 중요해요. 여러분들이 꾸준히 하면 반드시 다 이루어져요. 굉장히 중요한 거예요. 정진이 없으면 보시, 지계, 인욕이 무르익지 못한다 하셨습니다. 무르익는 방법은 오로지 꾸준히 하는 거예요.

 캄보디아에 사는 불자님이 안심정사 카페에 올린 글이 있습니다. 기도를 통해 변해가는 마음을 아주 잘 쓰셨어요. 다들 보셨을 거예요. 글에서 '기도를 하면서 늘 스스로 부족하고 아쉬웠다'는 내용이 있어요. 여러분, 기도하시면서 아쉬움을 느껴본 적이 있으세요? 그렇다면 늘 최선을 다해서 기도를 했다는 겁니다. 기도를 설렁설렁 하는 사람들이 '나는 기도를 되게 많이 한 것 같은데 왜 부처님은 안 봐주시나' 해요. 기도를 하다가 게으름을 핀 사람들의 특징입니다.
 반면 최선을 다한 사람들은 아쉽고 뭔가 부족하다고 느껴요. 굉장히 중요한 차이입니다. 기도를 하다가 잡생각이 일어나면 속상하거든요. 그러나 잡생각이 이는 것은 자연스러운 현상이에요. 그럼에도 게으르지 않고 꾸준히 하는 것이 더 중요하거든요. 아쉽고 부족함을 느낄 때가 내가 기도를 열심히 하고 있다는 증거예요.

 이런 내용도 있습니다.
 "이제 기도는 저의 생활의 일부고 마음의 양식입니다. 나쁜 마음, 나쁜 생각, 나쁜 행동, 나를 속이는 일을 하지 않은 것에 대해 참 만족스럽습니다. 이것이 진정한 마음 다이어트가 아닐까 생각합니다. 예전처럼 속상해 하지도 말고, 찡그리지도 말고, 한숨 쉬지도 말고, 울지 말고, 지금 이 순간 기쁘게 기도하려고 노력합니다."

아주 명언이에요. 하면 됩니다. 이 단계까지 되기가 쉬운 건 아니에요. 이 분은 200일 기도를 하면서 『지장경』을 800독 했습니다. 그렇게 하니까 변화를 만난 거예요. 누가 뭐라고 하거나말거나 '꾸준히' '오로지'가 정답이에요. 기도가 이루어지는 시점은 내가 정하는 게 아니에요. 부처님께서 정하는 거예요. 부처님께 알아서 하시라고 맡겨 드리면 가장 좋은 시점에 가장 좋은 것을 주시니까요.

"선남자여, 어떤 사람이 게으르지 않고 앉거나 눕는 즐거움을 얻거나 구하지 않으며 큰일의 공덕을 지을 때 힘을 쓰는 것처럼, 작은 일을 할 때에도 이 같은 마음으로 합니다. 일을 함에는 끝마치는 것이 중요한 것이니, 일을 할 때에는 배고프고 목마르거나 춥고 덥거나 때와 때 아님을 보지 않으며 어떠한 때에도 자신을 가볍게 여기지 않습니다. 큰일을 마치지 못하였다고 후회하는 마음을 내지 않으며 하는 일이 끝나면 힘써 할 수 있었음을 스스로 축하합니다. 정진에서 얻는 과보를 찬탄하고, 법대로 일하여 얻은 재물을 쓰되 이치에 맞게 쓰며, 삿된 정진을 하는 자를 보면 그를 위하여 나쁜 과보를 말하여 줍니다. 중생을 올바로 교화하여 정진을 닦게 하며, 하는 것을 끝내지 못하였으면 중간에 휴

식을 하지 않게 합니다. 그리고 선법을 닦을 때 다른 사람의 말에 휘둘리지 않습니다. 선남자여, 이 상이 있는 자는 정진바라밀에 공양하는 것입니다."

보시, 지계, 인욕 바라밀이 무르익는 바라밀은 정진바라밀이고 정진바라밀까지 무르익는 방법이 선정바라밀입니다. 또 선정바라밀까지 무르익는 바라밀이 지혜바라밀입니다. 이렇게 차곡차곡 익혀나가는 거예요. 오로지 꾸준히 하는 것이 정진바라밀이라고 했지요? 육바라밀 가운데 우리 범부중생들에게 가장 중요한 것이 정진바라밀입니다. 물론 여섯 개 중에 뭐하나 중요하지 않은 건 없지만요.

하나씩 하나씩 닦아 나가면 육바라밀을 구족하게 되고 육바라밀을 구족하게 되면 여러분은 지구상에서 가장 높은 재가보살이 되는 거예요. 정신수준이 높아지면 먹고살고 하는 의식주문제는 저절로 해결됩니다. 이게 육바라밀 수행의 요체예요.

성문·연각을 뛰어넘은 보살의 세계에서는 육바라밀을 반드시 닦아야 되고 이것만 닦아놓으면 현실적인 어려움은 문제가 될 일이 없어요. 육바라밀을 하나씩 하나씩 품고 늘 읽으며 정진하면 여러분이 사는 세계가 곧 극락이 되겠지요.

이번 생에 조금만 더 기도하면 불퇴전지에 올라가게 됩니다. 어느

생에 어딜 가든 현재 상태보다 좋아지고 나쁜데 떨어지지는 않는 거예요. 우리가 수다원과에만 들어가도 다음 생에 타락하거나 퇴전하는 경우는 절대 없어요. 그것을 뛰어넘어 육바라밀을 닦는다는 것은 한 생에 모든 걸 다 끝내버리는 거예요. 즉심성불이지요. 여러분이 현재의 몸으로 성불하는 거예요. 얼마나 행복해요? 정진하는 과정에서는 그 중요성을 알지 못해요. 하지만 꾸준히 닦아나가다 보면 어느 순간 '아, 바로 이것이구나'하며 알게 될 겁니다. 그러면 지금까지 나를 괴롭혔던 것들, 내가 매달렸던 것들이 정말 부질없이 느껴질 거예요. 이를 알게 되는 순간이 올 겁니다.

그러기 위해서는 먼저 지금 이 순간, 현실에 충실한 재가보살이 되어야 합니다. 우리가 금생에서 충실히 재가불자로서 역할을 다 하면서, 이 삶이 무르익어 가을이 되고 낙엽이 떨어질 때를 기다려야 해요. 일부러 잎을 떼어내거나 아무런 실천 없이 잎이 떨어지기 만을 기다리면 안 되는 거예요. 아시겠지요?

『우바새계경』을 멋지게 읽고 멋지게 실천해서 대한민국 제일, 세계 제일의 재가불자가 되시길 축원합니다.

제20강 | 팔계재품 · 오계품(五戒品)

우바새계 · 팔계재법
공덕이 한량없어 폐악의 법 부순다

    이번 강설에서는 『우바새계경』의 〈팔계재품八戒齊品〉을 공부하도록 하겠습니다. 팔계재八戒齊는 재가의 신도가 육재일(음력 매월 8, 14, 15, 23, 29, 30일) 하루 낮, 하루 밤 동안 지키는 계율을 말합니다. 이살생離殺生, 살아있는 것을 죽이지 않음, 이불여취離不與取, 주지 않는 것을 갖지 않음, 이비범행離非梵行, 청정하지 않은 행위를 하지 않음, 이허광어離虛誑語, 헛된 말을 하지 않음, 이음제주離飲諸酒, 모든 술을 마시지 않음, 이면좌고광엄려상좌離眠座高廣嚴麗牀座, 높고 넓은 화려한 평상에 앉지 않음, 이도식향만이무가관청離塗飾香鬘離舞歌觀聽, 향유를 바르거나 머리를 꾸미지 않고 춤추고 노래하는 것을 보지도 듣지도 않음, 이식비시식離食非時食, 때가 아니면 음식물을 먹지 않음. 즉 정오가 지나면 먹지 않음입니다.

선생이 세존께 여쭈었다.

"세존이시여, 사람이 삼귀의재계를 받으면 이 사람은 장차 어떠한 과보를 받나이까?"

"선남자여, 사람이 삼귀의를 받는다면 이 사람이 얻는 복의 과보는 다함이 없습니다."

여러분이 계를 받았으니 얻을 복의 과보는 다함이 없습니다. 부처님이 말씀하신 것이니 믿어도 괜찮습니다. 나폴레옹 힐이 쓴 〈놓치고 싶지 않은 나의 꿈 나의 인생〉이라는 책에 '인류의 97%가 비성공적·비행복적 삶을 산다'는 내용이 나옵니다. 단 3%만이 행복과 성공을 쟁취한다는 거지요. 이 행복과 성공을 이루는 방법이 불교『우바새계경』에 구체적으로 나와 있습니다. 불자라는 것이 참 감사하지요.

소원성취를 위한 첫 번째는 절제입니다. 죽일까 말까 할 때는 죽이지 마라. 훔칠까 말까 할 때는 훔치지 마라. 사음할까 말까 할 때는 하지 마라. 거짓말할까 말까 할 때는 하지 마라. 술 마실까 말까 할 때는 마시지 마라. 이게 절제예요. 불교용어로 지계바라밀, 계율을 지키는 것이라고『우바새계경』에 나와요. 절제하면 행복과 성공이 옵니다.

소원성취를 위한 두 번째는 인내입니다. 우리가 성공적으로 살려면 참고 견뎌야 합니다. 포기하고 싶고 그만두고 싶을 때 버텨야 해요. 제일 안타까운 것이, 조금만 기다리면 되는데 포기하는 거예요. 미국 후비인디언들은 기우제만 지내면 반드시 비가 온대요. 비 올 때까지 하니까요. 기도도 마찬가지예요. "남들은 금방 되는데 나는 왜 늦나요?"하는데 원인이 있어요. 포기하지 않고 하다보면 분명 변화가 있어요. 그러니까 인내가 필요한 거예요. 불교용어로는 인욕바라밀이라고 하지요.

소원성취를 위한 세 번째는 노력입니다. 나는 절제하고 인욕했으니까 이루어지겠지 하고 기다리면 안됩니다. 노력을 해야지요. 육바라밀에서는 정진바라밀입니다. 절제, 인내, 노력. 불교 용어로 하면 지계, 인욕, 정진 이 세 가지를 갖추면 세속이든 출세간이든 무조건 성공하는 거예요.

그럼 이번엔 기도로 살펴볼까요? 우선 기도의 목표는 구체적이고 분명해야 해요. 그냥 '나는 돈을 많이 벌었으면 좋겠습니다' 하면 안돼요. 금액도 구체적으로 적으세요. 안심정사에서 기도하시는 분들은 소원 10가지를 적고 시작합니다. 그러나 목표가 여러 가지여도, 목표에 집중하는 게 아니라 반드시 기도에 집중해야 합니다. 믿고 기도에 집중하는 것이 중요해요.

기도를 이루기 위해서는 인내와 노력이 필요한 것은 당연하지요?

또 기간도 구체적으로 정해야 해요. 기도의 계획이 세워졌으면 어떻게 하나요? 즉시. 지금 당장 실천하세요. "오늘은 피곤하니까 자고 내일 새벽부터 하지 뭐." 이런 생각으로 언제 기도할 수 있겠어요?

"귀인貴人들이 항상 악을 삼가게 하면서도 악을 지어 오다가 재를 받고자 한다면, 먼저 경계하여 먼저의 모든 악을 금해야 성취됩니다. 미륵이 나올 때에 백년 동안을 재를 받아도 나의 세상에서의 하루 낮 하루 밤만도 못합니다. 왜냐하면, 나의 세상의 중생은 오탁五濁을 갖추었기 때문입니다."

오탁악세五濁惡世는 겁탁劫濁, 시대의 오염, 견탁見濁, 사상. 견해의 오염, 번뇌탁煩惱濁, 탐·진·치로 오염, 중생탁衆生濁, 함께 사는 이들의 몸과 마음이 오염, 명탁命濁, 인간의 수명이 짧아짐 등입니다. 범부중생이 삶 속에서 계율을 지키는 게 너무나 어렵지요? 우리나라는 특히 노래방이나 단란주점 같은 것이 많아서 계율 지키기가 진짜 쉽지 않죠. 하지만 중요한 것은 마음가짐입니다. 실천하고자 하는 의지가 첫걸음임을 잊어서는 안됩니다.

"그러므로 내가 위사카(부처님 제자들에게 공양을 많이 하여 시여제일이라고 불린 여자 신도)를 위하여 말하기를 '착한 여인이여, 사라수(이엽시과의 상록교목, 부처님 열반시 사방에 있었던 나무)가 팔재를 받는다면 그것도 인간, 천상의 즐거움을 받고 무상락에 이르리라'고 하였던 것입니다. 선남자여, 이 팔계재는 곧 위없는 보리를 장엄하는 영락입니다. 이러한 재는 짓기 쉬우면서도 헤아릴 수 없이 많은 공덕을 얻게 하거늘, 짓기가 쉬운데도 짓지 않는다면 이것을 방일이라고 합니다."

제22품 〈오계품〉으로 들어가 봅시다.

"선남자여, 인연을 믿고 과보를 믿으며 진리를 믿고 도를 얻음을 믿는 사람이라면, 이러한 사람은 삼귀의를 얻습니다. 마음이 지극한 사람은 믿음이 무너질 수 없고, 삼보께 친근하고 좋은 벗의 가르침을 받으면 이와 같은 사람은 곧 삼귀의를 얻습니다."

"우바새계도 또한 이와 같습니다. 우바새계를 살펴보기를, '셀 수 없이 많은 공덕 과보가 있어서 한량없는 폐악의 법을 부수는 것이다. 중생이 끝이 없고, 괴로움을 받음이 또한 그러하다. 사람의 몸을 얻기 어렵고 비록 모든 근을 갖추었어도 신심을 얻기가 어려우며, 비록 신심을 얻어도 좋은 벗을 만나기가 어렵다. 비록 좋은 벗을 만나도 자재함을 얻기가 어렵다. 비록 자재함을 얻더라도 모든 것은 무상한 것이다. 내가 이제 악업을 지으면 악업으로 인하여 현세와 내세에 몸과 마음의 악보惡報를 받으니, 이러한 인연으로 몸과 입과 뜻이 악한 것은 곧 나의 원수다. 설사 삼업의 악이 악한 과보를 얻지 않는다고 하더라도 현재의 악은 역시 짓지 않으리라.' 이 삼악업이 현재에 폐악색弊惡色 등을 내고 죽을 때에 뉘우침을 내니, 이 인연으로 내가 이제 삼귀의와 팔재법을 받고 모든 악과 불선업을 멀리 여의겠다'고 관해야 합니다."

"지혜로운 이는 계에 두 가지가 있음을 살펴보아야 합니다. '첫째는 세계世戒, 세속적인 계이고, 둘째는 제일의계第一義戒이다. 삼보께 귀의하지 않고 계를 받으면 이를 세계라고 한다. 이 계는 견고하지 않아서 채색에 아교가 없는 것과 같으므로 '나는 먼저 삼보께 귀의한 후에 계를 받으리라'고 할 것입니다. 종신토록 받거나, 하루 낮 하루 밤에 받는 것은 우바새계와 팔계재법입니다. 대체로 세계는 먼저의 모든 악업을 파괴할 수 없으나 삼귀의계를 받으면 이를 파괴하며, 비록 큰 죄를 짓더라도 계를 잃지 않으니, 왜냐하면 계의 힘 때문입니다."

정말 주옥같은 가르침이지 않습니까? 우바새계로 인한 셀 수 없는 공덕과 과보가 한량없는 폐악의 법을 부순다니 얼마나 감동적인가요? 불보살님의 힘 덕분에 내가 비록 계를 깨트렸다 하더라도 불보살님의 옹호를 받는 것과 같습니다.

  바둑돌을 물에 넣으면 가라앉습니다. 그런데 백톤짜리 돌도 바지선에 띄우면 뜨잖아요. 그런 이치와 같습니다. 삼귀의계를 받지 않고 세속의 계를 받으면 깨트리는 대로 다 깨지는데, 삼귀의계를 받으면 부처님께서 큰 바지선이 되어서 가라앉지 않아요. 큰 악업을 지어도 불보살님의 위신력으로 보호받을 수 있다는 말씀이지요. '믿을 구석 있으니 오늘부터 나쁜 짓 해도 되겠다'는 생각을 하는 불자님들은 없으시리라 믿습니다.

  지난번 중국에서 좋은 책을 발견했어요. 나중에 번역해드리려 하는데 〈평상심을 기르자〉는 책입니다. 그런데 평상심에 대해 한국 불자들이 오해를 많이 해요. 평상심이 도라니까 '아 내가 평상시에 하는 잡념을 도라고 하는구나'하죠. 아니에요. 평平의 뜻은 여러 가지가 있어요. 평등한 마음, 평온한 마음, 평안한 마음, 이게 다 평이에요.

  여러분들의 가장 평안한 마음, 평온한 마음, 흔들림이 없는 마음, 가장 화평한 마음 이러한 마음을 평이라 하는 거예요. 평상시 여러분들이 하는 잡생각을 도라고 생각하면 큰일 납니다.

  상常이라는 것은 어떤 곳 어떤 환경에서도 변함이 없는 마음을 뜻해요. 그런 마음이 도라는 겁니다. 이 책에 보면 평상심을 열두 가지로 구분하는데 몇 가지만 알려드리겠습니다.

첫 번째 평상심은 득실평상심(얻을 때와 잃을 때의 평상심)입니다. 조금 더 벌었어도 조금 더 잃었어도 흔들림 없는 마음을 가질 수 있으면 득실평상심이에요. 쉽지 않죠. 얻는 것이 있으면 잃는 것이 있는 게 당연한 건데 그런 생각은 안 들고 영원히 내 것이라는 생각으로 아까워하고 분해 하잖아요. 모든 소유가 영원한 내 것이 아니며 권력무상, 재력무상 더 나아가 인생의 모든 것이 무상한 것을 다 알아도, 얻고 잃는 순간에는 평상심 갖기가 어려운 거예요. 우리도 다 마찬가지예요.

유득필유실有得必有失, 얻는 게 있으면 반드시 잃는 게 있다의 이치를 거듭 새겨야 해요. 잃을 때는 '정말 잘돼'를 생각해요. '내가 최악의 경우에는 어떻게 될까' 그런 생각하지 말고 오직 '정말 잘돼'만 믿으세요. 잃었을 때도 '정말 잘돼', 잃었기 때문에 '정말 잘 될 거야'라는 생각으로 마음을 다잡으세요.

두 번째는 진퇴평상심입니다. 들어가고 물러남에도 평상심이 필요하다는 것이죠. 어느 것이 잘된 것인지 그 순간에는 몰라요. 한참 지나고 나서 보니 알게 되는 일들이 있잖아요?

기독교를 믿는 분이 제게 와서 어려운 문제를 하나 해결했다며 법문에 쓰라고 자료를 보내주셨어요. 비행기 조종사이신데요. 재미있는 글이 있더라구요.

　오늘만은 행복하고 싶다면 '내일 일은 내일 걱정하고 오늘만은 자기 자신을 환경에 부응시키자. 운동하고, 몸을 아끼고, 영양을 섭취하자. 내 몸을 혹사하거나 무리하지 않도록 하자. 오늘만 남모르게 무언가 좋은 일을 해보자. 자기가 하고 싶지 않은 일을 하자. 오늘만은 유쾌하게 지내고 마음껏 사람들을 칭찬하자. 남을 비평하지 말고 꾀를 부리지 말고 남을 탓하거나 꾸짖지 않도록 하자.'

　어때요? 오늘 하루만 해보세요. 쉽고 편한 것부터 하는 거예요. 세상살이가 쉽다고 생각하는 사람에게는 쉽고 어렵다고 생각하는 사람에게는 어려운 것이거든요.

　"자비를 닦아서 남의 괴로움을 없애기 위해 스스로 자기의 즐거움을 버리면 아직 보리는 얻지 못하였어도 마음에 근심과 뉘우침이 없습니다. 비록 보리는 오래도록 얻기가 어렵다고 들었지만 그 속마음은 처음부터 퇴전이 없으며 모든 중생을 위해 한량없는 세상을 큰 고뇌를 받아도 또한 피로도 싫증도 없습니다, 법다운 행을 좋아하여 세속의 즐거움을 구하지 않고 고요하게 머무는 것을 즐겨 출가 수도할 것입니다. 아직 출가하지 않고 비록 집에 있더라도 해탈한 사람과 같이 여러 가지 악을 짓지 않으면 세 가지의 계율인 계계戒戒와 정계定戒와 무루계無漏戒를 얻습니다."

『우바새계경』을 지극하게 읽고 새겨 현실의 삶속에서 대조하고 실천하여 멋지게 사시길 바랍니다. 아시겠지요?

아미타불. 여러분 사랑합니다.

재물복이 있는 사람과 없는 사람의 차이가 확연히 드러나요.
재물복이 있는 사람은 자기가 보시하거나
남이 보시하거나 찬탄하는 마음을 낸다는 거예요.
그러면 자꾸 보시할 수 있는 기회가 열리는 거예요.

제21강 | 업품(業品)-상

십선업 짓기 위해 노력하면
현재의 삶도 좋은 방향으로 변화해

이번 강설에서는 '업業'에 관한 내용을 공부해 보겠습니다.

　선생이 세존께 여쭈었다. "세존이시여, 모든 부처님께서 세상에 나오시기 전에는 보살 마하살은 무엇으로 계를 삼았습니까?"
"선남자여, 부처님이 세상에 출현하지 않으셨을 때에는 삼귀의계三歸依戒가 없었습니다. 오직 지혜로운 이가 보리의 길을 구하여 닦는 십선법十善法이 있었습니다. 이 십선법은 부처님 외에는 상세하게 설하는 이가 없었습니다. 과거의 부처님이 설하신 것이 전해 내려와 지금에 이르도록 빠지거나 없어진 것이 없으며, 지혜로운 이가 받아서 행합니다. 선남자여, 중생이 십선법을 지니고 닦지 못하는 것은 모두 과거에 부처님을 가까이 모시고 배우지 않았기 때문입니다."

　십선법은 여러분도 알다시피 열 가지 선한 법을 말합니다. 지금 존재하는 인연은 업에서 비롯된 것이라고 합니다. 그러면 업은 무엇 때문인가요? 바로 번뇌 때문입니다. 번뇌가 무엇입니까? '탐 · 진 · 치 · 만 · 의貪嗔恥慢疑', 즉 탐내고 성내고 어리석고 교만하고 의심하는 마음입니다. 부처님의 말씀은 이런 근본 번뇌를 없애면 현재의 우리가 사는 모습이 달라지게 된다는 뜻입니다. 꼭 기억하셔야 합니다. 현재의 우리 모습은 전부 업을 인연으로 하는데, 선업을 지으면 삶이 편하고 선업을 짓지 못했으면 삶이 힘들고 어렵다는 단순하고 명쾌한 논리입니다.

　선업을 닦는 것은 제일 어려운 일 중의 하나입니다. 선한 사람은 선업을 짓는 것이 쉽고 악한 사람은 악업을 짓는 것이 쉽겠지요. 스스로 노력해서 선한 방향으로 자꾸 바꿔나가야 하는 이유입니다. 악한 생각이 곧 무명이며, 이로 인한 어리석음으로 십선업을 외면하면 엄청난 어려움이 닥치게 됩니다. 십선업을 소홀히 여기면 안됩니다.

　"모든 중생에게 어리고, 젊고, 늙은 때와 봄, 여름, 가을, 겨울

등 때에 따라 일어나는 번뇌가 각각 다르고 소, 중, 대겁에 일어나는 번뇌가 또한 이처럼 각각 다릅니다. 중생이 처음 십선업을 닦을 때 셀 수 없이 많은 목숨과 색, 향, 미를 얻어 갖추었다가도 탐, 진, 치로 인하여 모두 다 잃기도 합니다. 이 십악도의 인연 때문에 시절時節, 연세年歲, 성신星辰, 일월日月, 사대四大도 변하여 달라집니다. 사람이 이와 같은 일을 살펴본다면, 이 사람은 해탈을 얻을 것임을 알아야 합니다."

십악업의 인연인지 십선업의 인연인지에 따라서 세상이 달라집니다. 〈관세음보살보문품〉에 "관세음보살 다섯 자를 부르면 물에 빠져도 얕은 곳으로 떠내려가고 불구덩이가 물구덩이로 바뀌고 금강산에서 떨어져도 허공에 머문다"는 구절이 있습니다. 이와 상통하는 가르침이지요.

"어떤 사람이 업과 번뇌와 모든 얽매임으로 하여금 제멋대로 움직이게 한다면 이는 곧 십악도를 행하는 것입니다. 번뇌와 모든 얽매임을 무너뜨려서 제멋대로 움직이지 않게 한다면 이 사람은 곧 이 십선도를 행하는 것입니다. 어떤 사람이 처음 방편을 베풀거나, 먼저 생각하지 않았는데, 때를 당하여 갑자기 짓게 되면, 이 사람은 업에 휘말린 죄를 얻지 않을 것입니다. 그러므로 지혜로운 이는 응당 부지런히 십선업도를 닦아야 합니다."

쉽지 않은 가르침입니다. 십선법과 십악법이 한끝 차이인 것이지요. 그러나 부처님께서는 업이 아무리 커도 공덕의 힘은 못 따라 간다고 하셨습니다. 공덕은 몸과 마음이 하나로 되었을 때 지어지고 악업은 그렇지 못한 상황에서 지어지기 때문입니다. 동시에 여러분들이 전생에 무슨 업을 지었든 간에 금생의 공덕으로 다 커버할 수 있습니다. 이것보다 희망적인 말씀이 없어요. 그래서 사주팔자가 아무리 나쁘고 힘들더라도 공덕을 짓는 마음만 가지면 바뀌기 시작합니다. 십선법이 중요한 이유입니다.

"의도를 가지고 행하면 악행이 되지만 의도가 없는 것은 죄가 되지 않습니다. 그러므로 지혜로운 이는 마땅히 십선을 닦아야 합니다. 이 십선을 닦음으로 인하여 수명과 안팎의 물건이 늘어납니다. 번뇌의 인연 때문에 십악업이 더하고 번뇌가 없는 인연 때문에 십선업이 더하게 됩니다."

다음은 십업도에 대한 구체적인 설명입니다. 십업도는 살아가면서 반드시 유념해야 할 부분이니 기억해 두시길 바랍니다.

"선남자여, 이 십업도는 그 하나하나에 각각 세 가지가 있습니다. 첫째는 근본이고, 둘째는 방편이며, 셋째는 이루어 마친 것입니다."

먼저 살생중죄에 대한 말씀입니다.

"근본이라는 것은, 남이라는 생각, 중생이라는 생각이 있으면, 의심으로 그 목숨을 끊습니다. 직접 몸을 움직여서 끊거나 다른 사람에게 말하여 죽게 하면 이것을 일러 근본이라고 합니다. 칼을 구하여 갈거나, 독을 풀고, 밧줄을 만들거나 하면 이것이 방편입니다. 죽이고 나서 손으로 만지거나 무게를 재고 혼자 먹거나 다른 사람에게 줘서 먹게 하고, 얻은 물건을 임의대로 주면서 기뻐하고 즐거워하면서 참괴심이 없으면 마음에 후회가 없고 스스로를 칭찬하고 교만한 마음을 크게 내는 것, 이것을 이루어 마친 것이라고 합니다."

이어 투도중죄, 즉 도둑질에 대한 말씀이 이어집니다.

"남에게 재물이 있으면 역시 남의 것이라는 생각을 하여, 스스로 가서 취하거나, 사람을 보내어서 취하거나, 의심하여 다른 곳으로 옮겨 놓으면 이것이 근본입니다. 담장을 부수고 물어서 수를 헤아리며 사다리를 놓고 담장에 넘어 집으로 들어가서 구하여 찾으며 손을 대면 이것이 방편입니다. 얻은 것을 갖고 가서 감추고 숨기고 임의대로 베풀어 주고 팔아서 쓰거나 주어 보내면서 기뻐하고 즐거워하여 부끄러움이 없고 마음으로 뉘우치지 않으며 스스로 자신을 칭찬하고 크게 교만함을 내면, 이것이 이루어 마침입니다."

십악업을 근본과 방편과 이루어 마친 것에 비추어 설명하고 있지요. 이를 잘 기억해 가면서 '나는 금생에 십악업을 떠나서 십선업도로 멋지게 살겠다'는 마음을 내보세요. 하나하나를 꼼꼼하게 대조를 하며 자신을 돌아보고 변화시키기 위해 노력해야 합니다. 다음은 사음 중죄에 대한 말씀입니다.

"다른 사람의 부녀자에 대해, 다른 사람의 부녀자임을 알면서도 사악한 마음으로 범행(청정함)이 아닌 짓을 하면 이것을 일러 근본이라 합니다. 사람을 시켜서 보내거나, 자신의 눈으로 보거나, 선물을 주거나, 만지거나 부드러운 말을 하는 것을 방편이라고 합니다. 영락을 보내거나, 함께 앉아 음식을 먹고 기뻐하고 즐거워하면서 참괴심이 없고 마음으로 뉘우치지 않으며 자신을 칭찬하고 교만심을 내는 것, 이것을 이루어 마친 것이라고 합니다."

근본적으로 악한 것, 방편적으로 악함을 실천하는 것, 이미 이루어진 것 세 가지로 정확하게 분석해서 부처님께서 말씀해주시는 거예요. 여러분들이 하나하나씩 읽어가면서 십악업을 지양하고 십선업을 익히는 것이 좋겠지요.

이어 망어중죄, 거짓말하는 업에 대한 말씀입니다.

"여러 사람 앞에서 자신의 본 모습을 숨기며 하루 중 두 세번 거짓말을 한다면 이것을 근본이라고 합니다. 먼저부터 차례로 꾸며서 말의 꼬투리를 잡거나 남의 말을 받아서 저기에 가서 말하면 이것을 방편이라고 합니다. 일이 이루어져 재물을 받으면 임의로 베풀어 주고 기뻐하고 즐기면서 부끄러움이 없고 뉘우치지 않으며 스스로 자신을 칭찬하고 교만한 마음을 내며, 이것을 일러 이루어 마친 것이라고 합니다."

이어 양설중죄, 이간질하는 업에 대한 말씀입니다.

"이 망어 가운데 이간어를 섞어 화합을 깨뜨리면 이것이 근본입니다. 남의 허물과 나쁜 일을 말하며 화합하는 것은 옳지 않고, 떠나고 파괴하면 곧 좋은 일이 있다고 말하는 것을 방편이라고 합니다. 화합을 깨뜨려 흩어놓고 나서 남의 재물을 받으며 임의로 베풀어 주고 기뻐하고 즐거워하면서 부끄러움이 없고 뉘우치지 않으며 스스로 자신을 칭찬하고 교만함을 내면, 이것을 일러 이루어 마친 것이라고 합니다."

승가의 화합을 깨뜨리는 것은 오무간죄(다섯 가지 무간지옥 죄)에 들어갑니다. 얼마나 중요한 부분인지 아시겠지요?
다음은 악구중죄, 남을 괴롭히는 나쁜 말을 하는 업에 대한 말씀입니다.

"낯빛을 바꾸고 나쁜 말하고 비난하면 이것이 근본입니다. 남의 허물을 들으면 거기에 말을 꾸며서 그 사람에게 가서 이러한 좋지 않은 것을 말하고자 하면 이것이 방편입니다. 비난하고 나서 도리어 남의 재물을 받으면 임의로 베풀어주고 기뻐하고 즐거워하면서 부끄러움이 없고 뉘우치지 않으며, 스스로 자신을 칭찬하고 크게 교만한 마음을 내면, 이것을 일러 이루어 마친 것이라고 합니다."

이어 기어중죄, 진실이 없는 꾸밈말을 하는 업에 대한 말씀입니다.

"욕망으로 이야기하거나 때 아닌 말을 하면 이것을 근본이라 합니다. 아첨하는 말로 다른 이를 칭찬하거나 다른 사람의 의사대로 행동하는 것이 방편입니다. 남에게 가르치고 재물을 받아서 임의로 베풀어 주고 기뻐하고 즐기면서 부끄러움이 없고 뉘우치지 않으며 스스로 자신을 칭찬하고 큰 교만심을 내면, 이것을 이루어 마친 것이라고 합니다."

다음은 뜻으로 짓는 탐·진·치에 관한 부분입니다. 탐애중죄, 탐욕을 일으킨 업에 대한 말씀입니다.

"남의 재물에 탐욕을 내어 얻고자 하면 이것이 근본입니다. 번뇌심을 내면 이것이 방편입니다. 남의 재물을 얻고 나서는 재물을 임의로 베풀어 주고 기뻐하고 즐기면서 또 남에게 말하면서 부끄러움이 없고 뉘우치지 않으며 스스로 자신을 칭찬하고 큰 교만심을 내면, 이것을 이루어 마친 것이라고 합니다."

다음은 진에중죄, 성을 낸 업에 대한 말씀입니다.

"사람을 때리고 꾸짖으면 이것이 근본입니다. 몽둥이나 돌을 쥐고서 그 죄과를 물으면 이것이 방편입니다. 때리고는 기뻐하고, 재물을 받아서 임의로 베풀어 주고 기뻐하며 낙을 받으면서 부끄러움이 없고 뉘우침을 내지 않으며 스스로 제 몸을 칭찬하고 크게 교만함을 내면, 이것을 이루어 마친 것이라고 합니다."

이어 치암중죄, 어리석음과 그릇된 견해(특히 인과법을 부정하는 견해)를 일으킨 업에 대한 말씀입니다.

"업의 인과因果와 진제眞諦-부처님의 진정한 가르침와 현성賢聖을 비방하면 이것이 근본입니다. 삿된 글을 믿고 받아서 독송하고 베껴 쓰며 칭찬하면 이것이 방편입니다. 받아서는 남에게 알려주고 가르쳐서 그 사견을 더하고 삿된 재물을 받아서 임의로 베풀어 주고 좋아하면서 부끄러움도 없고 뉘우치지 않으며 스스로 자신을 칭찬하고 큰 교만심을 내면, 이것을 일러 이루어 마친 것이라고 합니다."

이상 10가지 선업을 근본과 방편과 이루어 마친 것으로 하나하나 분석하면서 실천해 가시길 당부합니다.

"선남자여, 이 십업도에 각각 세 가지가 있으니, 첫째는 탐욕에서 생기는 것이고 둘째는 성내는 것에서 생기는 것이며 셋째는 어리석음에서 생기는 것입니다. 이익을 위하여 목숨을 해쳤다면 이것은 탐욕에서 생긴 것입니다. 원수를 죽였다면 이는 성냄에서 생긴 것입니다. 부모를 죽였다면 이는 어리석음에서 생긴 것입니다."

우리가 십선업을 짓게 되면 운명도 조금씩 조금씩 바뀌어 좋아질 수밖에 없어요. 운명을 바꾸는 것은 누구나 할 수 있는 가장 쉬운 일인데, 또 그걸 하지 못하고 고통 받는 것이 범부중생들의 일입니다. 업이란 습관적 행위지요. 십선업 대신 십악업을 지으면 그때부터 업의 장애가 되어 하나씩 하나씩 꼬여가게 됩니다. 십선업을 지었느냐 십악업을 지었느냐에 따라 결과가 좋은 경우와 나쁜 경우로 나누어지지요. 금생에 살면서 최대한 십선업을 지어서 최대한 높은 세계로 갈 수 있기를 축원합니다.

제22강 | 업품(業品)-하

십선업 짓기 위해 노력하면
현재의 삶도 좋은 방향으로 변화해

지난 시간에 이어 〈업품〉을 공부하겠습니다.

"선남자여, 중생이 죄를 지음에 두 가지가 있습니다. 첫째는 악계惡戒, 나쁜 습관을 익히는 것이고, 둘째는 무계無戒, 계가 없는 것입니다. 악계인 사람은 비록 염소 한 마리를 죽이거나 죽이지 않을 때라도 항상 살생죄를 얻습니다. 왜냐하면 먼저 서원을 했기 때문입니다. 무계인 사람은 비록 천 사람을 죽였더라도 죽일 때 죄를 얻고 죽이지 않을 때는 얻지 않습니다. 왜냐하면 서원을 하지 않았기 때문입니다."

"그러므로 온갖 불선법은 마음의 근본이 되므로 그 근본으로 인하여 모든 비구의 범죄에는 두 가지가 있습니다. 첫째는 몸으로 범하는 것이고 둘째는 입으로 범하는 것이며, 마음으로 범하는 것은 없습니다. 이와 같이 계라는 것은 시간과 조건이 갖추어지지 않으면 얻을 수 없습니다. 비유하면 마치 나무를 비벼서 불을 얻으려고 하면, 나무가 있어야 하고 힘이 있어야 하고 마른 소똥이 있은 다음에야 불을 얻으며 한 가지라도 없으면 불을 얻지 못하는 것처럼 계법戒法도 역시 그러합니다. 이와 같이 계는 얻거나 버리거나 지키거나 위반하는 것이 모두 마음에 달렸는데, 여래는 모든 법성法性을 분명히 알기 때문에 규제하셨습니다."

"그러므로 경 가운데 악한 행위를 설하였으니, 첫째는 양을 기르는 것이고, 둘째는 닭을 치는 것이며, 셋째는 돼지를 기르는 것이고, 넷째는 고기를 낚는 것이며, 다섯째는 그물로 잡는 것이고, 여섯째는 소를 죽이는 것이고, 일곱째는 옥졸이 되는 것이고, 여덟째는 사냥개를 기르는 것이며, 아홉째는 그물과 덫을 만드는 것이고, 열째는 사냥꾼이 되는 것이며, 열한 번째는 뱀에게 비는 것이고, 열두 번째는 사람을 죽이는 것이며, 열세 번째는 도적이 되는 것이고, 열네 번째는 양 쪽을 이간시키는 것이며, 열다섯째는 채찍질을 하고 죄인의 목에 칼을 씌우고 발에 쇠사

슬을 달고 이마에 쇠못을 박고 불로 지지는 고문을 가하는 것입니다."

이런 부분들을 우리가 잘 숙지하고 차츰차츰 경계해 나갈 필요가 있겠습니다.

성운 대사의 '인간불교'에 나타난 진취적 사고방식에 대해 소개하고자 합니다. 첫 번째, 매체 및 각급 대표회의 또는 국회나 지방의회에서 고성이나 거짓말을 줄이고 대담에서도 이성적인 균형을 유지한다. 이것은 여러분 개인도 마찬가지입니다. 고성이나 거짓말을 줄이고 이성적 균형을 유지하는 것이 중요하죠.

두 번째, 자신의 인권과 자유를 찾으려 함은 물론, 무관심했던 대중이익에 대해 관심을 증대시키고 상처를 주는 언행을 줄인다. 처음 시작하는 것이 어렵지만 누구 한 사람이 먼저 시작하면 다른 이들에게도 확산되고 도움이 되지요. 불자들이 먼저 시작하자는 거예요.

세 번째, 이익단체는 공공연하게 사리사욕을 채우거나 권력을 남용하지 않는다. 아주 중요하지만 의외로 잘 지켜지지 않는 부분입니다. 옳은 것을 인식하고 옳은 쪽으로 자꾸 바꿔나가야 합니다. 네 번째, 저소득층과 소규모 단체는 지원이 필요하다. 부유한 사람이 세금을 더 부담하여 재정적자를 반드시 낮춰야 한다. 우리가 이런 불자가 되어보는 것은 어떨까요? 제일 좋은 건, 부자들이 '세금을 더 내겠소' 하는 것이겠지요. 그런데 정작 이런 마음을 가진 부자가 흔치 않지요. 증세하려고 하면 한국을 떠날 생각을 할지도 몰라요. 우리 불자들이 한번 이런 부자가 되어서 마음을 내 보도록 해요.

저는 노블레스 오블리주(사회 고위층 인사에게 요구되는 높은 수준의 도덕적 의무)를 대단히 높이 평가합니다. 노블레스 오블리주를 대표하는 인물로 14세기 프랑스 칼레시의 부호 외슈타트 생피에르가 있습니다. 한 사람이 서양의 귀족층이나 상류층의 정신세계를 완전히 바꿨다는 점에서 참 대단한 인물입니다.

14세기 영국과 프랑스는 영토를 두고 100년 전쟁 중이었습니다. 그런데 프랑스의 마지막 보루이던 '칼레시'가 함락됐습니다. 영국은 시민들을 살려주는 댓가로 6명을 사형시키겠다고 합니다.

이때 첫 번째로 자원한 사람이 바로 프랑스의 최고 부자이던 외슈타트입니다. "나는 이 칼레시에서 그동안 최고 부자로 잘 먹고 잘 살았으니 지금 죽어도 여한이 없다"고 하면서요. 외슈타트의 용기에 시장과 상인, 법률가 등이 잇따라 나섭니다. 그런데 지원을 받고 보니 여섯 명이 아니라 7명이 모인거지요. 다음날 다시 모여서 제일 늦게 온 사람을 제외하기로 합니다. 그런데 다음날 보니 모두 다 나왔는데 외슈타트만 오지 않은 겁니다. 이상하게 생각한 6명이 그를 찾아가 보니 이미 자결해 죽어있었다고 해요. 마지막 사람의 명예를 지키고 배신자로 역사에 남는 상황을 막기 위해 자결을 선택한 것입니다. 서양의 정신이 거기서 나왔다고 해요. 외슈타트는 정말 인류역사에 영원히 빛나는 멋쟁이가 아닌가 합니다.

"사물事物은 한 가지이나 마음의 힘 때문에 가볍고 무거운 과보를 얻습니다. 선남자여, 어떤 사람이 밥을 내게 보시하고자 하다가 아직 내게 주지 못한 사이에 굶주린 개에게 주었다면, 나는 또한 이와 같은 사람을 큰 시주라고 칭찬할 것입니다. 복전이거나 복전이 아니거나 마음으로 가리지 않고 베풀어 주는 자는 한량없는 복덕을 얻습니다. 왜냐하면, 마음이 착하고 청정하기 때문입니다. 이 업이 네 가지입니다."

과보가 네 가지로 오기 때문에 우리 눈으로는 판단하기가 어렵지요. 왜 금방 안 되나? 하고 실망부터 하지 마세요.

"첫째는 현보現報-현세에서 선악의 업을 지어 현세에서 받는 과보입니다."

복력이 있거나 간절할 때 과보를 받는 업입니다. 첫날 목욕재계하고 『지장경』을 읽었는데 오후 2시 졸다가 교통사고가 났어요. 신호를 받아 멈췄는데 뒤에서 고급 외제차가 들이 받았다고 해요. 이에 합의금으로 돈을 받아 회사 부도를 면했다고 합니다. 현장에서 일어나는 과보도 현보에 속함을 유의하세요.

"둘째는 생보生報-현세에서 선악의 업을 지어 내세에 받는 과보이며 셋째는 후보後報-현세에서 선악의 업을 지어 삼생三生 뒤에 받는 과보입니다."

조선시대 한 스님이 숭유억불 정책으로 절도 허물어져 가고 불교가 침체기에 이르자 저녁 예불을 올리며 "부처님, 내일 저는 떠나겠습니다"라고 했대요.
그리고는 꿈을 꿨는데 부처님께서 "거리에서 처음 만나는 사람에게 시주를 권하라"고 해요. 부처님 말씀이니 믿고 내려갔지요. 동네에 평생 결혼도 못하고 사는 머슴이 지나가는 거예요. 시주를 권하자 머슴이 "결혼도 못하고 평생 모아 놓은 돈이 있는데 그것으로 중창불사를 하시지요"하고 해요. 그래서 떠날 생각을 접고 그 돈으로 한창 불사를 하고 있는데 갑자기 머슴이 시름시름 앓더니 앉은뱅이가 된 거예요.
일을 못하게 됐으니 절에 와서 사는데 어느 날 갑자기 눈까지 멀어버린 거예요. 평생을 안 먹고 안 입고 모은 돈을 불사에 회향하면 공덕이 엄청나게 쌓인대서 시주를 했는데 막상 앉은뱅이에 눈까지 멀었으니 스님이 얼마나 안타까웠겠어요.

그런데 여기서 끝이 아니었습니다. 중창불사 회향을 앞두고 야단법석을 벌이던 어느 날 밤, 호랑이가 머슴을 물고 가 버린거죠. 동네 사람들이 횃불을 들고 찾아보니 뼈다귀만 남아 있었습니다. 그것을 보고 동네 사람들도 "에이, 부처님 영험 없네"하면서 다 떠나버리고 스님도 너무나 화가 나서 도끼를 목불 머리에 박아놓고 떠나버렸어요.

이후로 세월이 20여 년 정도 흘렀지요. 절을 떠난 스님은 늘 마음이 무거웠습니다. 불상 이마에 도끼를 박아 놓았으니 죄송스러운 마음도 컸지요. 스님은 예전의 그 절을 찾아갑니다. 절은 이미 폐사가 되어 있었지요. 마침 그 마을의 원님이 부임하던 길에 그 절에 당도합니다. 원님이 물었지요. "저 절이 왜 폐사가 되었는지 아는가?" 20여 년 전 얘기를 하니 가만히 보다가 이마에 박힌 도끼를 쑥 뺍니다. 빠진 도끼날에는 '화주시주상봉'이라고 적혀있었다고 합니다. 원님은 전생에 그 머슴이었다고 해요.

결국 머슴은 시주한 공덕으로 삼 생에 받을 것을 한 방에 받았습니다. 원래 한 생은 앉은뱅이, 한 생은 장님, 한 생은 호랑이에게 물려 죽어야 하는 삶인데 부처님께서 시주 공덕으로 한 생에 줄여서 그 업을 털어주셨어요. 조선시대는 신분상승이 안되니 좋은 집에 태어나 급제하고 관복을 입게 된 것이죠. 우리가 모르는 불가사의한 부처님 법입니다. 우리 눈으로 판단하면 '평생 번 거 다 갖다 바쳤는데 왜 앉은뱅이가 되고 장님이 되고 호랑이에 물려죽나?'하는 생각이 들지만 그게 아니죠.

"넷째는 무보(無報-과보를 받지 않는 것)입니다."

복을 짓되 금방 써먹을 수 있는 복도 지어야 하고, 금생에 써 먹을 수 있는 복도 지어야 하고, 다음 생에 저축하는 복도 지어야하는 거예요. 하나만 지으면 그것 끝나면 끝이에요.

"또 업에는 네 가지가 있으니 첫째는 업은 정하였으나 과보는 정하지 않음이고, 둘째는 과보는 정하였으나 때는 반드시 정한 것이 아니며, 셋째는 때가 정해졌고 과보도 또한 정해진 것이고, 넷째는 때와 과보가 함께 정해지지 않은 것입니다."

이 네 가지는 정말 중요합니다. 이것은 운명에도 똑같이 작용됩니다. 때와 과보가 네 가지 작용을 하는데 어떤 사람은 어느 때건 사업이 잘 돼요. 때와 상관없이 과보가 정해진 거죠, 그런데 한 템포 꼭 앞서 가서 안 되는 경우도 있어요. 과보는 되는데 때가 정해지지 않은 거예요. 두 개 다 안 되는 경우도 있지요. 과보도 정해져 있고 때도 정해져 있는 데다가 선업이 되면 무지 좋은 거예요. 악업도 반드시 그

길로 갑니다. 여기서 '반드시'란 기도 안 할 때를 말하는 거예요.

기도할 때는 공덕으로 악업을 막을 수 있으니 고정불변의 실체는 아니겠지요. 〈업품〉에서 계속 선업을 지으라고 하는데 때도 좋고 과보도 좋게 만나는 방법이 무엇이죠? 바로 '십선업'을 짓는 거예요. 과보가 이렇게 정확하게 정해져 있음을 알면, 선업을 지어야 하는 이유도 정확한 거예요. 현재 좀 어렵고 힘들더라도 선업을 짓는 마음을 자꾸 내다보면 어느새 금방 좋아지게 되죠.

"선남자여, 지혜로운 이는 몸을 닦고 계를 닦고 마음을 닦고
혜를 닦습니다."

"신身 · 계戒 · 심心 · 혜慧를 닦는다." 여기서 닦는다는 말을 잘 이해를 하셔야 해요. 닦는다는 말은 변화시킨다는 뜻입니다. 바뀌어 가게 한다는 거예요. 몸을 닦는다는 것은 몸으로 짓는 악업을 선업으로 바꾸고, 계를 닦는다는 것은 계를 자꾸 실천해보는 것이고, 마음을 닦는다는 것은 악한 마음에서 선한 마음으로, 괴로운 마음에서 즐거운 마음으로, 어리석은 마음에서 지혜로운 마음으로 자꾸 바꿔간다는 것이고 지혜를 닦는다는 것도 지혜로운 마음으로 바꿔 나를 변화시키는 것으로 이해해야 합니다.

현재 한국 불교에서 닦는다는데 뭘 닦는지, 어떻게 닦는지를 불자

들이 잘 몰라요. 이것이 문제예요. 마음이 실체가 없고 몸도 실체가 없는데 뭘 어떻게 닦느냐, 대상이 확실하지 않으니 불교가 어려운 종교가 되어버리는 거예요. 마음을 닦는다는 것은 곧 바뀌게 하는 거예요. 변화시키는 것. 이것을 꼭 잘 기억하셔야 되겠지요.

『우바새계경』 강설이 막바지에 이르고 있습니다. 여러분들이 늘 『우바새계경』을 곁에 두고 하나하나 공부하고 실천해 나간다면 한국이, 또한 불교가 다시 우리 사회의 모든 분야에서 지도이념이 될 수 있으리라 믿어요. 그 가운데에 여러분의 역할이 존재하는 거예요.

모두 행복한 불자가 되시길 축원합니다.

제23강 | 선정품 · 반야바라밀품

절제 · 인내 · 노력으로
탐 · 진 · 치 버리면 운명도 변한다

1년간 법보신문을 통해 이어진 『우바새계경』강설의 마지막 회입니다. 마지막 법문 제목은 '불가사의'라고 할 수 있겠습니다.

불교를 정의하자면 첫 번째가 성공학입니다. 부처님 법은 모든 사람들이 인생을 가장 성공적으로 살 수 있는 방법이죠. 두 번째는 행복학입니다. 누구든지 부처님 법을 공부하면 행복하지 않으려 아무리 작정해도 행복하게 되어있어요. 세 번째는 치유학입니다. 부처님 법을 공부하면 아픔이 치유되니 이보다 더 좋은 의료가 없지요. 이러한 불교를 우리가 어렵다는 이유로, 깨달음만을 추구하는 과정 속에서 그동안 오해했던 부분들이 있었지요. 『우바새계경』 강설이 불교에 대한 오해를 잠재우고 실천적 부처님 가르침을 새기는 계기가 되었길 바랍니다.

마지막 강설은 제27품 〈선정바라밀품〉, 제28품 〈반야바라밀품〉입니다.

선생이 세존께 여쭈었다. "세존이시여, 보살 마하살은 선정바라밀을 닦는데 어떤 것이 선정이옵니까"

"선남자여, 선정이란 곧 계戒, 자慈, 비悲, 희喜, 사捨로써 멀리 모든 번뇌를 여의고 선법을 닦는 것을 선정이라고 합니다. 선남자여, 선정을 여읜다면 어떠한 세속의 일도 얻지 못하거늘 하물며 출세간의 일이겠습니까. 그러므로 지극한 마음으로 닦아야 하는 것은 당연한 것입니다."
"선남자여, 지혜로운 이는 이렇게 보아야 합니다. '일체의 번뇌는 나의 큰 원수이다. 왜냐하면, 이 번뇌로 인하여 자신과 남을 깨뜨리기 때문이다. 이 인연으로 나는 마땅히 자비의 마음을 닦으리니, 모든 중생을 이익 되게 하고자 하기 때문이며, 셀 수 없이 많은 순수한 선법을 얻기 위한 때문이다'라고 해야 합니다. 누군가가 말하기를 '자비를 떠나서 선법을 얻을 수 있다'고 한다면 이것은 옳지 않습니다."

'일체의 번뇌는 나의 큰 원수이다.' 번뇌가 무엇입니까? 탐내고 성 내고 어리석고 교만하고 의심 많은 마음이 곧 번뇌입니다. 부처님께 서는 이 다섯 가지가 근본번뇌라고 하셨지요.

탐내고 성내고 어리석은 건 삼독입니다. 보약이 아니라 독이니, 섭취를 하면 건강이 나빠지지요. 그래서 탐욕이 많은 사람은 건강이 나빠지게 되어있어요. 화를 잘 내는 사람도 건강이 나빠지지요. 독을 자꾸 몸에 주입하니까 건강이 나빠질 수밖에 없잖아요? 어리석음은 인과를 모르는 것입니다. 티베트에서는 가장 큰 욕이 '인과를 모르는 사람'이라고 합니다. 탐내고 성내고 인과를 모르는 어리석음은 많이 섭취할수록 몸과 마음의 건강을 약해지게 하고 병을 불러옵니다. 그런데도 우리 중생들은 탐·진·치 삼독으로 사는 거예요. 그런데 탐욕도 탐욕 나름이지요. 우리가 살아가는 과정에서 아예 욕심이 없으면 안돼요. 그러나 욕심이 마음을 썩히도록 놔두는 게 아니라 좋은 쪽으로 승화시켜야 하지요. 바로 원력으로 바꾸는 것입니다.

'내가 돈을 막대하게 벌어야지'로 끝나는 것이 아니라 '막대한 돈을 벌어서 좋은 일에 크게 쓰겠다'는 원력을 세우면 어떨까요? 완전히 달라지지요.

서양의 어느 학자가 〈미래에 성공하는 방법〉이라는 글을 썼습니다. 성공하는 사람은 세 가지를 반드시 갖추고 있더라는 거예요. 첫 번째가 절제, 두 번째가 인내, 세 번째가 노력이래요. 이 세 가지가 있으면 누구든지 다 성공을 하더라는 거예요.

절제는 불교용어로 계율을 지키는 것입니다. 하고 싶은 것을 다 하는 게 아니라 절도 있게 자기 인생을 제어하는 거지요. 계율을 지키는 공덕은 굉장히 큽니다. 오계를 지키는 것이야말로 현실에서 누구든지 성공할 수 있는 가장 쉬운 방법이지요.

우리 모두가 오계를 배우고 실천한다면 사회가 정말 밝고 맑고 아름다워질 것 같아요. 오늘날 미국 사회도 마찬가지고 한국 사회도 마찬가지고, 나아가 전세계가 불교의 오계만 지키면 해결되지 않을 문제가 없지 않겠어요? 살생하지 않고, 도둑질 하지 않고, 사음하지 않고, 거짓말 하지 않고, 술 마시지 않고. 그렇지요?

두 번째 인내는 불교 용어로 인욕입니다. 참고 노력하는 것이죠. 인욕바라밀은 참고 견뎌서 열반의 세계로 나가는 것입니다. 누구나 알지만 참는 것이 쉽지 않아요. 미국에서 성공한 사람들의 공통적인 특징은 '아침형 인간'이라는 점이에요.

매일 직장에 출근하기 위해 아침 일찍 일어나려면 얼마나 힘들어요? 그런데 기도를 하려면 더 일찍 일어나야 하죠. 일 분만 더 누워있겠다고 생각하는 순간 그날 기도는 망친 거예요. 더 누워있고 싶고 더 자고 싶은 욕구를 참고 일어나는 인내가 중요합니다. 하지만 쉽지 않지요. 많은 분들이 물어요. "새벽기도를 좀 늦게 일어나서 하면 안될까요?" 그러면 저는 "그냥 지금처럼 살아. 그냥 살지. 뭐하러 성공적이고 행복한 삶을 살려고 해?"라고 합니다. 참고 견디고 계획한 바를 실천하는 과정 그 자체가 인욕바라밀임을 기억하세요.

성공의 비결 세 번째는 노력입니다. 불교용어로 정진. 끊임없이 노력하는 게 정진이잖아요.

보시하면서 지계·인욕·정진하면 누구든지 다 사회에서 성공할 수 있어요. 특히 육바라밀은 가장 좋은 성공 방법이에요. 부처님께서 "지혜로운 이는 '일체의 번뇌는 나의 큰 원수'라고 생각해야 된다"고 말씀하신 이유입니다. 탐내고 성내고 어리석고 교만하고 의심 많은, 이 근본 번뇌가 나의 큰 원수임을 안다면, 쓸데없는 욕심이 나거나 화가 나거나 할 때 "나는 지금 큰 원수에게 얻어터지고 있구나"하고 생각할 수 있어요. 번뇌를 의식하기 시작하면 절제할 수 있게 됩니다.

"이 인연으로 나는 마땅히 자비의 마음을 닦으리니, 모든 중생을 이익되게 하고자하기 때문이며 셀 수 없이 많은 순수한 선법을 얻기 위한 때문이다'라고 해야 합니다."

탐·진·치가 일어날 때 자비로 돌려보세요. '자비'가 뭐죠? '친·아·배·사' 친절, 아량, 배려, 사랑나누기. 기억하시죠?
어느 분이 친절, 아량, 배려, 사랑나누기를 직장에서 실천해보니 지옥 같았던 사무실이 극락이 되더라고 합니다. 마음이 즐거우면 능률도 오르고 실적도 오르게 되겠죠. 자비는 추상적인 용어가 아니에요. 친절하고 아량을 베풀고 남들을 잘 보듬어주고 배려하고 사랑을 나누는 모든 것이 곧 '자비'입니다.

그렇다면 '지혜'는 무엇일까요? '지혜'라고 하면 막연하지요? 바로 근면, 성실입니다. 첫 번째, 근면의 '근'은 '근검'이에요. 부지런하고 검소하게 살 줄 알아야 합니다. 그렇게 되면 복이 자꾸 늘어나죠. 근면의 '면'은 '면학'이에요. 부지런히 힘써 배우려고 하는 마음입니다. 그래서 지혜의 첫 번째가 근검과 면학입니다.
두 번째, '성실'의 '성'은 정성심, '실'은 진실한 마음입니다. 그래서 지혜의 두 번째는 정성과 진실입니다. 이렇게 되면 자연히 성공이 따를 수 밖에 없겠지요?
다음은 〈반야바라밀품〉으로 넘어가보지요.

선생이 세존께 여쭈었다.

"세존이시여, 보살이 어떻게 청정한 반야바라밀을 닦습니까?"

"선남자여, 보살이 지계, 정진, 다문, 정념으로 인욕을 닦고 중생을 연민하며 마음에는 참괴심이 많고 질투심을 없앱니다. 진실로 모든 좋은 방편을 알고 중생을 위하여 고통을 받되 후회와 퇴전함이 없습니다. 보시하기를 즐거워하고 중생을 조복하며 범한 것이 가볍고 무거운 것임을 잘 알고 부지런히 중생에게 복업을 짓도록 권합니다."

"글자를 알고 뜻을 알며 마음에 교만함이 없고 좋은 벗과 가까이하며 스스로를 이롭게 하고 남을 이롭게 합니다. 삼보와 모든 스승과 화상과 장로와 덕이 있는 이를 공경하고 보리에 대하여 몸을 가볍게 여기는 생각을 내지 않습니다. 보리의 깊고 묘한 공덕을 관하고 선악상善惡相을 알며 세간과 출세간의 모든 성론聲論
–관념이나 개념의 항상성을 주장하는 인도 철학의 한 체계를 압니다. 인을 알고 과를 알며 첫 방편 및 근본을 압니다. 그리하면, 이 사람은 지혜를 얻는다는 것을 알아야 합니다. 이와 같은 지혜에 세 가지가 있으니, 첫째는 많이 들어서 생기는 것이고, 둘째는 생각에서 생기는 것이며, 셋째는 수행을 통해 생기는 것입니다."

〈치유하는 불교읽기〉의 저자 서광 스님은 책을 통해 "지식 없이는 어떤 경우에도 지혜가 생기지 않는다"고 했습니다. 나는 지식은 없는데 지혜는 있어요. 가능할까요? 아니죠. 지식이 있을 때만 그 지식을 바탕으로 해서 지혜가 생길 수 있다는 겁니다. 이것은 부처님 말씀이기도 해요.

반면 지식은 많은데 지혜가 없을 수는 있어요. 지혜는 근면 · 성실입니다. 더 현실적으로 보면 처세술도 포함됩니다. 내가 처한 환경에서 어떻게 행동하느냐. 근면 · 성실이 결국은 궁극적인 처세방법이니 세상을 잘 사는 방법 중에 가장 좋은 것이 지혜라는 것이죠.

우리나라 불교에서 '불립문자'라고 해서 경전도 안 읽어도 되고 불교공부 안 해도 된다고 하는데 부처님 말씀과 달라요. 사교입선이란 말이 있지요. 불교의 이치나 원리에 대한 일정한 연구를 다 마치고 선수행에 들어간다는 의미예요. 팔만대장경을 공부하고 자유자재로 써먹을 수 있게 소화하면 비로소 그 가르침을 활용할 수 있어요. 부처님께서 "이렇게 하라" 하셨으니 죽어도 그렇게 하는 것이 아니라 상황에 따라 지혜롭게 운용하는 것이죠. 그럴 때 사교입선 하는 것이지, 아무것도 공부한 게 없는데 버릴게 뭐가 있나요. 뗏목을 탄 후에 뗏목을 잊어야지 아직 강가도 안 가놓고 뗏목을 잊으면 되겠어요?

"글자에서 의미를 얻는 것이 듣는 것에서 생기는 지혜이고 사유思惟하여 뜻을 얻는 것이 생각에서 생기는 지혜思慧이며, 수행을 따라서 뜻을 얻는 것이 수행을 통해 생기는 지혜修慧입니다."

운명은 누가 뭐라 하더라도 정확하게 정해져 있어요. 운명은 번뇌 · 업보입니다. 번뇌가 뭐예요? 탐내고 성내고 어리석고(인과를 모르고) 교만하고 의심 많은 마음이죠. 현대사회에서는 이것을 성격이라고 합니다. 우리가 운명을 바꾸는 제일 쉬운 방법은 번뇌를 버리는 것, 다시 말해 성격을 바꾸는 것입니다.

성격적 장애는 탐내고 성내고 어리석은 것인데 전부 미래지향적 생각이 아니라 과거 지향적 생각이지요. 우울증이나 정신분열증도 삼독과 깊은 연관성이 있어요. 삼독을 긍정적인 방향으로 돌리면 우울증이나 정신분열증도 나아질 수밖에 없어요.

『우바새계경』의 핵심은 육바라밀이라고 했지요? 이는 곧 우리가 운명을 바꾸는 여섯 가지 수행방법이라고 보면 됩니다. 우리가 육바라밀을 하나씩 하나씩 실천해 나가다 보면 어느 사이에 운명이 전부 다 바뀌어 있는 거예요. 꼭 실천하셔야 해요.

『우바새계경』은 또 운명을 바꿀 뿐만 아니라 세상을 맑고 밝고 아름답게 바꾸는 방법이죠. 그동안 『우바새계경』을 23회 동안 수박 겉핥기

식으로 공부했는데 나머지는 여러분들이 평생 동안 공부를 하셔야 합니다. 어느 경전보다도 불교를 터득하기 쉽고, 잘 알 수 있고, 실천으로 옮길 수 있는 행동 지침들이 자세하게 나와 있거든요.

육바라밀을 통해 현실을 극락으로 만드는 불자가 되시기를 축원합니다. 불자 여러분, 고맙습니다. 사랑합니다.

부처님은 "수계를 받았으니 죽어도 오계를 지켜야 한다"고 하지 않으셨어요.
일분(오계중 하나)을 지키는 불자,
소분(오계중 두 세개)을 지키는 불자,
다분(오계중 네 개)을 지키는 불자,
원만하게 다섯가지를 다 지키는 불자 해서 네 종류로 얘기하셨지요.
여러 번 당부했지만 처음에는 지킬 수 있는 것을 정해서
이 하나만은 지켜야 되겠다는 마음가짐이 중요합니다.

우바새계경 겉핥기 〈좋은 부자되기〉

인쇄 불기 2561년 (서기 2017년) 12월 01일
발행 불기 2561년 (서기 2017년) 12월 06일

펴낸이 석법안 스님
펴낸곳 도서출판 안심
주소 서울특별시 강남구 논현로 8길 12
대표번호 02-577-4557
이메일 ansim56@naver.com

편집·인쇄 아름원 02-2264-3334

ⓒ도서출판 안심, 2017

※ 잘못된 책은 교환해 드립니다.

ISBN 979-11-87741-12-1   93220
값 14,000원